Alice im Schlaraffenland

Für Laurence Model,
Lucas, Nicolas und Salomé,
Jamil-Alexandre und Edward

ALICE IM SCHLARAFFENLAND

94 TRAUMHAFTE REZEPTE

CHRISTINE FERBER
PHILIPPE MODEL
BERNHARD WINKELMANN

AUS DEM FRANZÖSISCHEN VON CLAUDIA STEINITZ

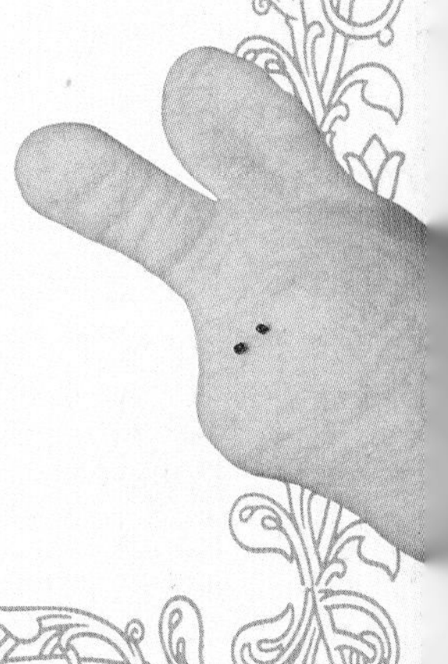

GERSTENBERG

»›Was für einen Zweck haben Bücher‹ sagte sich Alice, ›in denen überhaupt keine Bilder und Unterhaltungen vorkommen?‹ Sie war infolgedessen gerade am Überlegen …, als plötzlich ein Weißes Kaninchen mit roten Augen dicht an ihr vorüberlief.«

Wohin wohl? Sicher in eine Welt voller Bilder, Farben, Überraschungen und Fantasie. Denn so ist Alice, ein kleines, schelmisches Mädchen, das sagt, was es denkt, und gerne mal schwindelt, das mit viel Humor alle vermeintlichen Gewissheiten unserer Zivilisation in Frage stellen kann. Das Mädchen Alice Liddell inspirierte Charles Dodgson, den jungen Mathematikdozenten in Oxford, der als Lewis Carroll weltberühmt wurde und ein wichtiger Vorläufer des Surrealismus war. Eine wahre *écriture automatique* hatte ihn gepackt, als an einem Nachmittag im Juli 1862 die Träume der kleinen Alice vor ihm auftauchten: »Zuerst schickte ich meine Heldin direkt in den Bau des Weißen Kaninchens, ohne die geringste Idee, wie es weitergehen würde … nur einzelne Splitter, zusammenhanglose Ideen kamen mir spontan in den Sinn …«

Dann bat Carroll den bekannten Illustrator des Satiremagazins *Punch*, John Tenniel, die Personen zu zeichnen, und so nahm alles seinen Lauf: *Alice im Wunderland* wurde zu einem der größten Erfolge seiner Zeit. Die Geschichte wurde, je nach Epoche, immer wieder neu illustriert und die Zeichnungen hatten in jeder Ausgabe eine eigenständige Bedeutung. Doch wäre Dodgson nicht Schriftsteller geworden, dann hätte er sich einen Namen als Fotograf gemacht. Hunderte seiner Bilder bezeugen seine geradezu magische Beziehung zu Kindheit, Unschuld und Schönheit.

In unserem Buch finden die Spiele der Fantasie mit der gleichen surrealistischen Logik ihre visuellen und geschmacklichen Äquivalente. Eine naschsüchtige Alice lockt mit herrlichen Düften und ausgefallenen Leckereien. Es ist wie eine Rückkehr zu den Quellen!

Ph. M.

23
26
29
73
76
80
31
83
?
84
33
86
88
37
39
40
43
1
ALICE
IN WONDERLAN
ALICE IM WUNDE
REZEPTE UND LECKEREIEN VON ALIC

DVENTURES
WITH ILLUSTRATIONS BY SIR JOHN TENNIEL & PHILIPPE MODEL
AND
NTDECKT
UND GLEICH VERSPEIST
19
67
64
17
61
57
55
12
DRINK ME
52
50
49
11
46
9

… UND ALICE FIEL AUCH SCHON IN

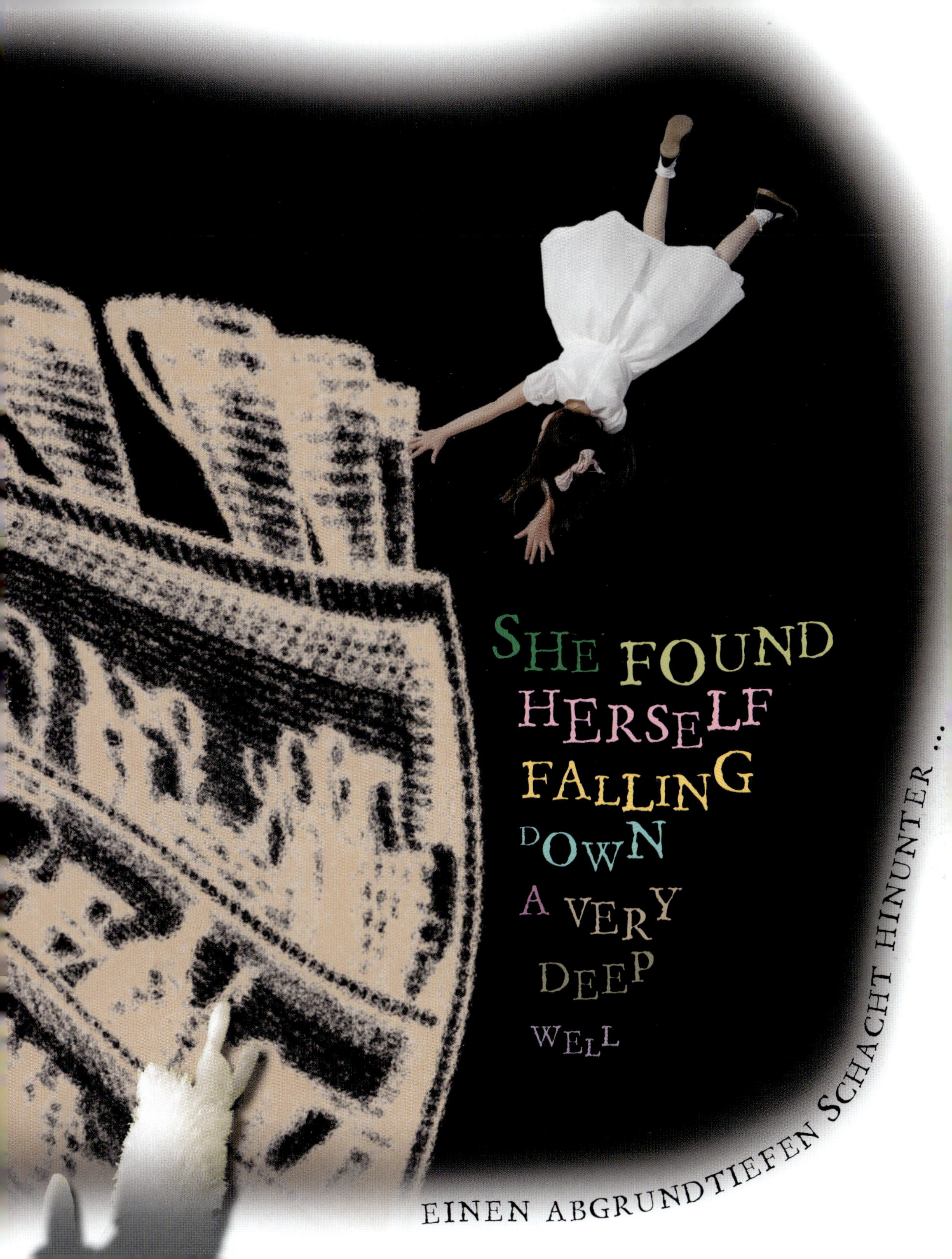
SHE FOUND HERSELF FALLING DOWN A VERY DEEP WELL
EINEN ABGRUNDTIEFEN SCHACHT HINUNTER ...

Apfel-Möhren-Konfitüre
mit Ingwer
Rezept S. 160

Aus einem der Regale nahm sie im

Vorbeisausen ein Töpfchen mit ...

... DARAUF LAG ALS
EINZIGES EIN WINZIGER
GOLDENER SCHLÜSSEL.

»Drink me«-Nektar aus Himbeeren und Veilchen

Rezept S. 160

"WHAT A CURIOUS FEELING!" SAID ALICE. "I MUST BE SHUTTING UP LIKE A TELESCOPE." AND SO IT WAS INDEED...

»WAS FÜR EIN ULKIGES GEFÜHL!«, SAGTE ALICE. »ANSCHEINEND SCHIEBE ICH MICH JETZT ZUSAMMEN WIE EIN FERNROHR.« UND SO WAR ES IN DER TAT ...

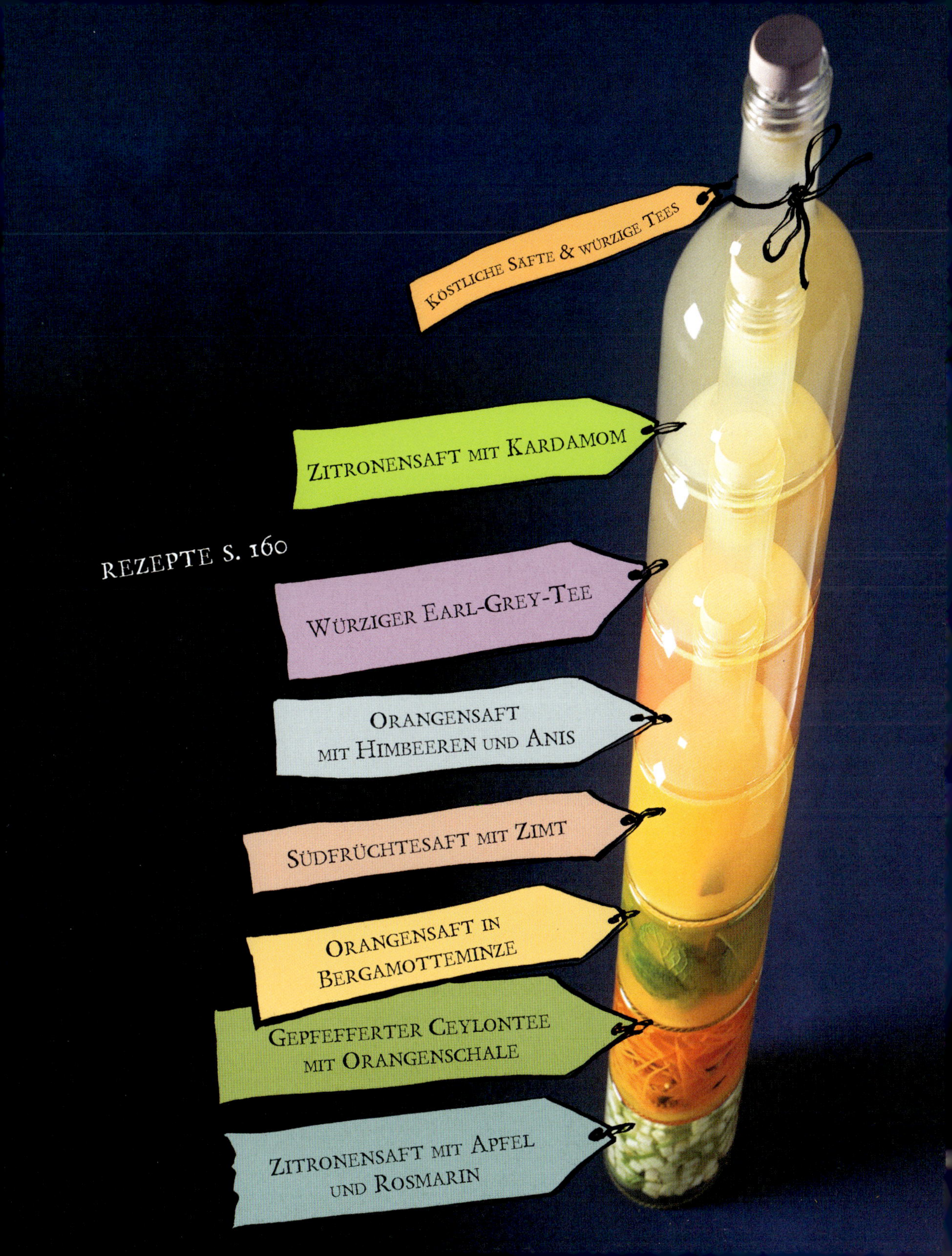

REZEPTE S. 160

»Eat me«-Würfel mit Zitrone und Ingwer

Rezept S. 161

EAT ME
»Nun, essen kann ich ihn ja ...«
EAT ME

KRESSESUPPE

REZEPT S. 161

Fischcocktail à la Alice

Rezept S. 161

»Ich könnte mir denken

»Mäusekartoffeln« mit Frischkäse und geröstetem Sesam

Rezept S. 162

E IST EINE FRANZÖSISCHE MAUS UND MIT NAPOLEON HERÜBERGEKOMMEN …«

Süss-salzige Mürbeteigfische

Rezept S. 162

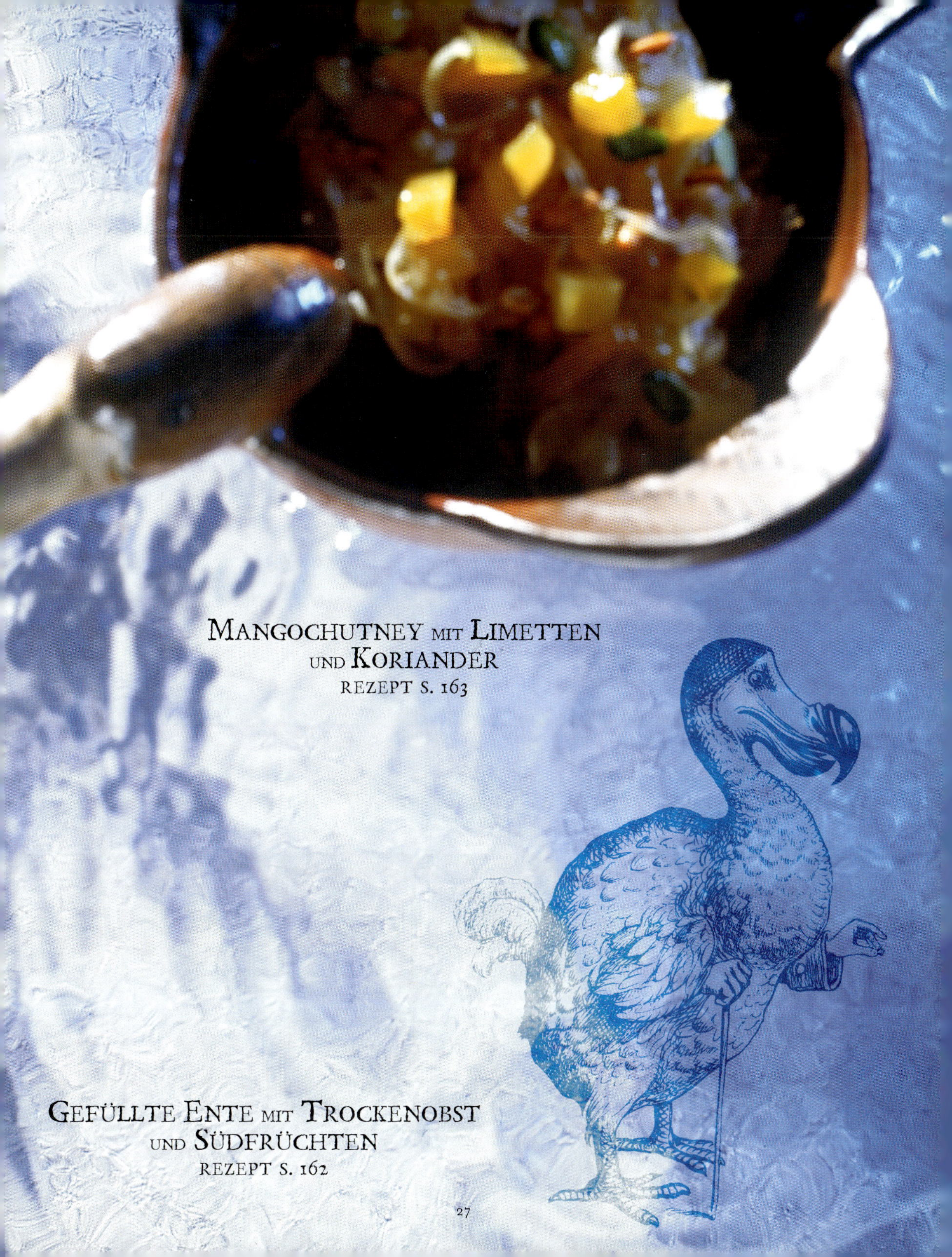

MANGOCHUTNEY MIT LIMETTEN UND KORIANDER
REZEPT S. 163

GEFÜLLTE ENTE MIT TROCKENOBST UND SÜDFRÜCHTEN
REZEPT S. 162

ES WAR WAHRHAFTIG EINE SONDERBARE

Versammlung, die sich am Ufer traf …, alle zusammen tropfnass, verdrossen und unbehaglich.

W. RABBIT'S HOUSE

GEMÜSEFRÜHLING

REZEPT S. 164

Ein ganzer Regen kleiner Kieselsteine kam mit Geprasse

… um Fenster herein …

Kieselsteine

Rezept S. 164

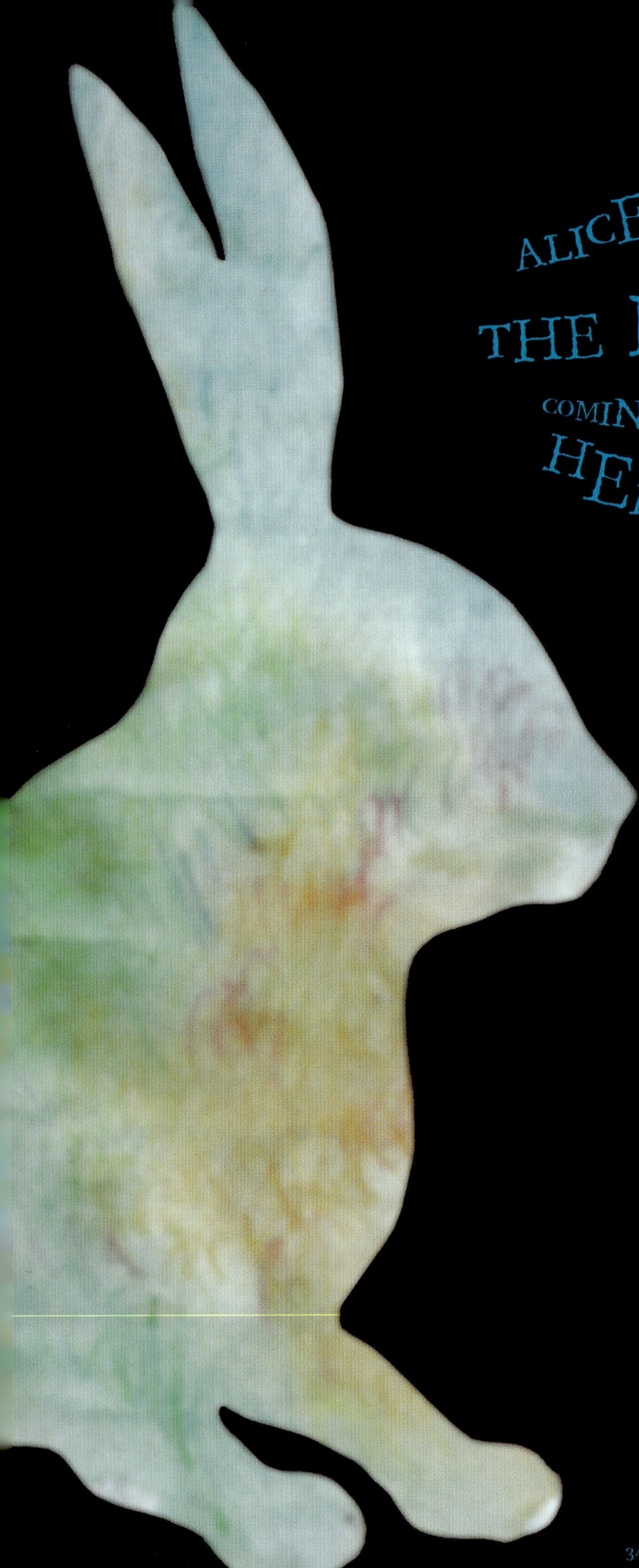

ALICE KNEW IT WAS
DAS KONNTE NUR
THE RABBIT
DAS KANINCHEN SEIN,
COMING TO LOOK FOR
HER! DAS NACH IHR SUCHTE!

GEFÜLLTE KOHLBLÄTTER MIT GESCHMOLZENER BUTTER

REZEPT S. 164

Gemüsesäfte

Rezepte S. 165

»DA FLIEGT EGON«

Tomatensaft
mit Dill
Rezept S. 165

Kohlrabisaft
mit Kräutern
Rezept S. 165

Möhrensaft
mit Kardamom
Rezept S. 165

Radieschen-
Himbeer-Saft
Rezept S. 165

Alle Säfte gut gekühlt servieren.

EIN RIESENHAFTER JUNGER HUND SCHAUTE AUF SIE HERUNTER …

ADVICE FROM A CA

BERATUNG DURCH EINE RAUPE

GESCHMORTE
SÜSS-SAURE PFIFFERLINGE
MIT SCHALOTTEN
REZEPT S. 166

Morcheln in Sahnesosse

und kandierte

Knoblauchknollen

Rezept S. 166

Pilze und Zwiebelscheiben im Teigmantel

Rezept S. 166

Pig and Pepper

Schwein und Pfeffer

»In der Suppe ist aber bestimmt zu viel Pfeffer!«, sagte Alice zu sich, soweit sie vor Niesen überhaupt sprechen konnte.

SEL
JEP

Pfeffersuppe mit Gemüse und Speck

Rezept S. 167

Der Käse der Chesterkatze

Rezept S. 167

»Warum grinst Ihre Katze so?«

Gepfeffertes Birnenschwein

Rezept S. 167

In ihren Armen lag ganz einfach ein kleines Ferkel.

MUFFINS À LA ALICE
REZEPT S. 168

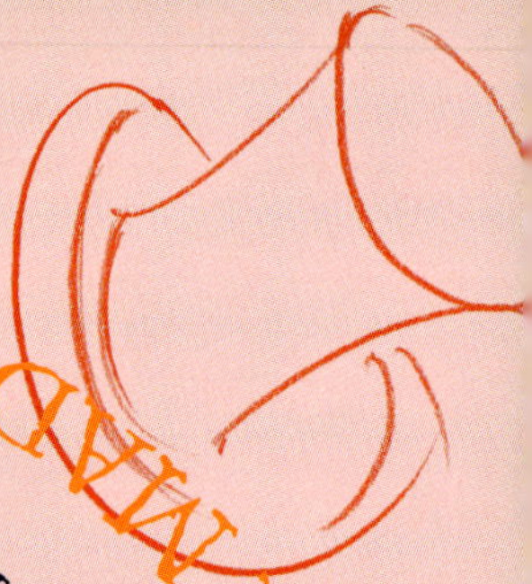

ABERWITZ UND FÜNF-UHR-TEE

A MAD AFTERNOON TEA-PARTY

ABERWITZ UND FÜNF-UHR-TEE ABERWITZ UND FÜNF-UHR-TEE ABERWITZ …

A MAD AFTERNOON TEA-PARTY A MAD AFTERNOON TEA-PARTY A MAD AFTERNOON TEA-PARTY …

Apfel-Orangen-Kuchen mit Whisky
Rezept S. 168

»Es ist ständig Zeit zum Fünf-Uhr-Tee …«

Pudding der Übergeschnappten
Rezept S. 169

FRUCHTGELEE
REZEPT S. 169

Glacierte Pampelmusenchips

REZEPT S. 170

Königliche Croquetpartie

Sauerkirschsuppe mit Rosenblättern
Rezept S. 170

The Queen's Croquet-Ground

»KOPF AB MIT IHR!«, SCHRIE DIE KÖNIGIN.

SPIELKARTENKEKSE
MIT NÜSSEN
REZEPT S. 170

»Papperlapapp!«, sagte Alice laut und entschieden,

UND DIE KÖNIGIN VERSTUMMTE.

ROSENHERZEN
REZEPT S. 171

Kandierte Gärten

Rezept S. 171

FLAMINGOES AND MUSTARD BOTH BITE!

»NUR DASS SENF KEIN VOGEL IST.«

»FLAMINGO UND SENF, DAS HAT GAR SCHARFE ZÄHNE!«

Pistazienbüsche

REZEPT S. 172

THE GRYPHON SAT UP AND RUBBED ITS EYES
DER GREIF SETZTE SICH AUF UND RIEB SICH DIE AUGEN.

ARTISCHOCKEN-SCHILDKRÖTE

REZEPT S. 172

Makrelen-Spargel-Terrine

Rezept S. 173

The Lobster Quadrille

Die Hummmer-Quadrille

Langustinen am Strand

Rezept S. 173

»Sollen wir dir noch eine andere Figur aus der Hummer-Quadrille zeigen?«

Blätterteigfisch

Rezept S. 174

WHO STOLE THE TARTS???

WER WAR DER TORTENDIEB???

MÜRBETEIGKRONE MIT JOHANNISBEEREN
REZEPT S. 174

RHABARBERTORTE MIT VEILCHEN
REZEPT S. 175

LINZER TORTE
REZEPT S. 175

Torte mit Aprikosen und Orangen

Rezept S. 176

ERDBEEREN IM MINZEBEET MIT SCHOKOLADE

REZEPT S. 176

Das ganze Kartenspiel schwang in der Luft …

… Blätter, die von einem Baum herabgeflattert waren …

KRISTALLBLÄTTER
REZEPT S. 176

THROUGH THE LOOKING-GLASS

AND WHAT ALICE FOUND THERE

Alice hinter den Spiegeln

Außer *Alice im Wunderland* veröffentlichte Lewis Carroll zahlreiche Schriften voller Ironie ... und Mathematiklehrbücher! Und als er neun Jahre nach *Alice im Wunderland* zum Weihnachtsfest 1871 die Zutaten für eine Fortsetzung zusammenmischte, verzichtete er weder auf die Ironie noch auf die Mathematik.

Das Spiegelland ist das Land der Erinnerung, der Innenwelt ... Kamin und Spiegel, die Symbole einer viktorianischen Epoche reich an dekorativen Elementen, Gegenstände, Farben und Tapeten funktionieren wie Transportmittel, die uns dabei helfen, Träume zu durchqueren. Die Träume der kleinen Alice sind vom Alltagsleben in der großen Wohnung geprägt. Wir sehen darin die herrlichen Blumentapeten, den berühmten Plumpudding und das Brot vom Frühstückstisch, das sich in Insekten verwandelt hat. Und wir begegnen der ganz ungewöhnlichen Familie des Schachspiels – des klassischen Spiels der überraschenden Wendungen! Mit wunderbarem Geschick bedient sich Lewis Carroll der Symbolik der unvollendeten Schachpartie und bietet uns alle Möglichkeiten der Interpretation, aber auch auserlesene Genüsse für Auge und Gaumen. So kann ein neuer Traum von Rezepten Wirklichkeit werden!

Ph. M.

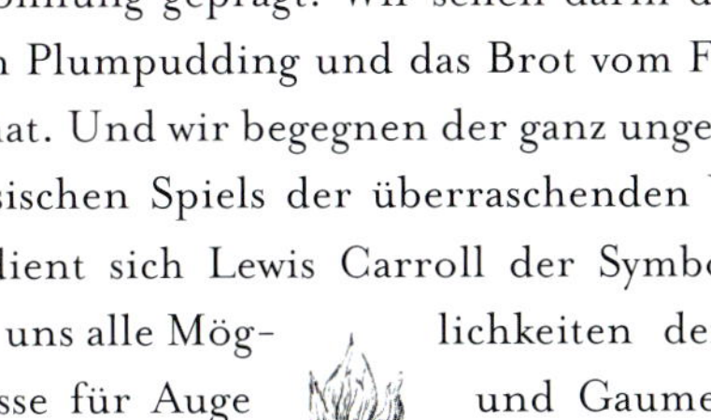

117
98
119
96
99
120
94
112
106
124
111
109
127

134
137
150
129
148
154
146
144
159
145

»Es wird ja tatsächlich zu einer Art Nebel!
Da kann man ja … durch …«

Gemüseschachbrett

Rezept S. 177

»Wie gefiele dir das,
Wenn du in dem Haus
Hinterm Spiegel
Wohnen müsstest?«

ASCHEKARTOFFELN
AUS DEM KAMIN
REZEPT S. 177

Im Garten der sprechenden Blume

The Garden of Live Flowers

Schachbrett aus schwarzer Johannisbeere und Veilchen

Rezept S. 177

Körniges Rosensorbet

Rezept S. 178

Himbeer-Veilchen-Tropfen

REZEPT S. 178

Zucchiniblüten im Spitzenmantel

Rezept S. 178

»Können denn alle Blumen reden?«, fragte Alice fast im Flüsterton.

»So gut wie du schon lange«, sagte die Feuerlilie, »und ausserdem noch sehr viel lauter.«

FRUCHTBLUMEN IN GELEE

REZEPT S. 178

Toffees mit Pfeffer
und geröstetem Sesam
Rezept S. 179

Eine Spiegelschnake und andere Insekten

Flügel aus Karamell und Meersalz

REZEPT S. 179

Geflügelpastete mit Kräutern

Rezept S. 180

Brioches mit Olivenöl

Rezept S. 180

TWEEDLEDUM
TWEEDLEDEE

Lebkuchenritter
mit Schokoladenrüstung
Rezept S. 181

THE WALRUS AND THE CARPENTER
DAS WALROSS UND DER ZIMMERMANN SPAZIERTEN HIER AM STRAND

Austern mit Sahnesosse

Rezept S. 181

Süss-saure Tomaten mit Porree und Pfeffer

Rezept S. 181

»Ihr Austern, nun machet alle kehrt ...«

»Da fliegt jemandem ein Schal davon!«

Brombeer- und Himbeer-
Kompott mit Sternanis

Rezept S. 182

War das wirklich ein Schaf, was da

hinter der Ladentheke saß?

PARIS
aux Fruits
2,30€/100g

MARONENKNÄUEL

REZEPT S. 182

EARL GREY
EARL GREY
IMPERIAL
APOLLON
ARCHIPEL
MARCO
POLO
NOËL
ORIENTAL
THÉ
THÉ

Torte aus frischem Schafskäse
Rezept S. 182

Die Fächer daneben waren jeweils mit den merkwürdigsten Dingen bis oben hin voll gepackt...

SÜSS-SAUER EINGELEGTES GEMÜSE, REZEPT S. 183

Schnee-Eier und Zimtkaramell

Rezept S. 183

Das Ei wurde indessen nur immer grösser und

GRÖSSER…

Cheddarsoufflee
mit Curry
Rezept S. 184

Orangenomelettes mit Whisky

REZEPT S. 184

LÖWE UND EINHORN

Das Einhorn sah Alice träumerisch an und sagte: »Sprich, Kind!«

Plumpudding

Rezept S. 185

»Du magst wohl Mandelkuchen nicht, Fabelwesen?«

Eierkuchenturm mit Rosenpralinen

Rezept S. 185

… der Kuchen teilte sich von selbst in drei Stücke.

… das Getrommel begann auch schon …
… der fürchterliche Lärm …

… SOBALD EINER GESTÜRZT WAR, PURZELTEN DIE HINTERMÄNNER DARÜBER HER, SODASS DER ERDBODEN ALSBALD VON KLEINEN MENSCHENHÜGELN BEDECKT WAR.

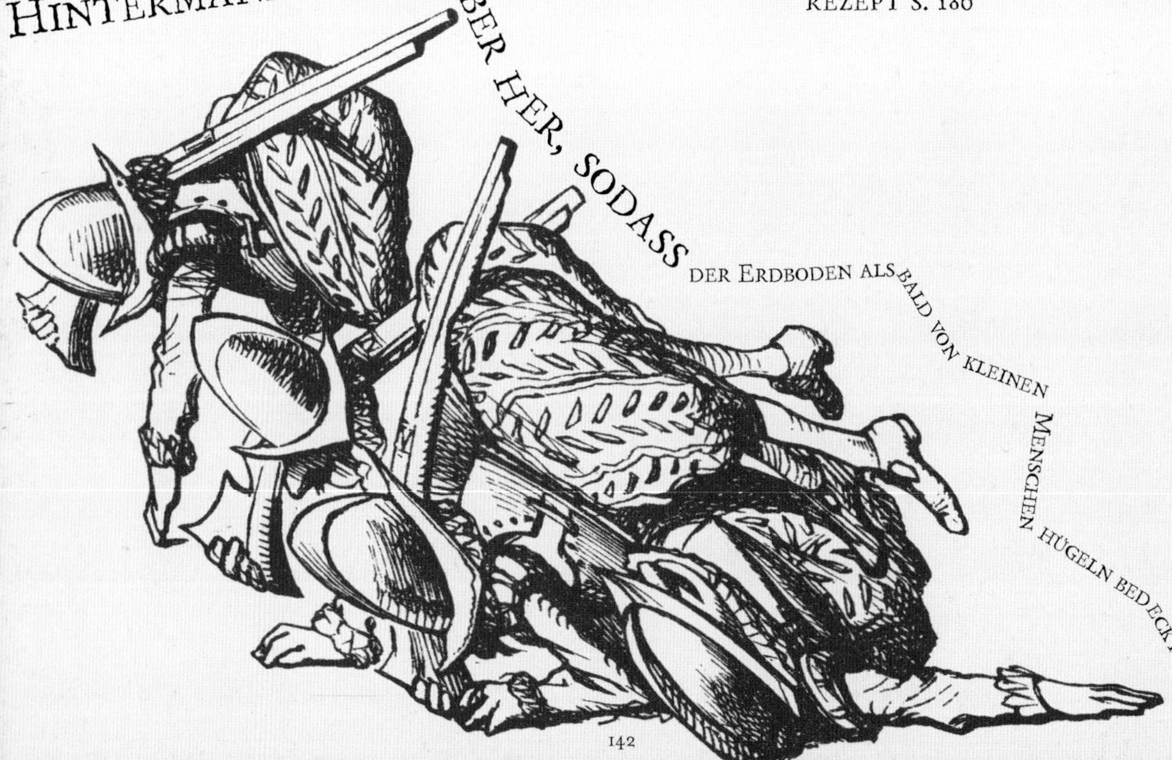

SÜSSHOLZSPEERE

REZEPT S. 186

Der Weisse Ritter

Mandeltaler mit getrockneten Früchten

Rezept S. 186

»Ein ruhmreicher Sieg, nicht wahr?«

Die Krone der Königin
Rezept S. 187

Blätterteigpastete mit kandiertem Rhabarber und Stiltonkäse

Rezept S. 187

»Darf ich dich vielleicht mit der Keule bekannt machen?«

Lammkeule mit Knoblauchknollen,
Rezept S. 188
Minzsosse
Rezept S. 188

Bunter Kuchen
à la Alice
rezept S. 188

Baisers mit Himbeersahne
Rezept S. 189

Minzeclairs
Rezept S. 190

…Teller, Schüsseln

Gäste und Kerzen stürzten mit Getöse zu einem Trümmerberg auf dem Boden zusammen …

»Du solltest nicht so laut schnurren.«

Seezungenfilets mit Zitronensahne

Rezept S. 189

U HAST MICH AUFGEWECKT!«

Crème patissière

Für 400 g
Zubereitung: 15 Minuten
250 ml Milch, 60 g Zucker, ½ Vanilleschote, 20 g Kartoffel- oder Maisstärke, Eigelb von 3 Eiern, 25 ml flüssige Sahne

Milch, 30 g Zucker und Vanilleschote in einem Topf mit dickem Boden erhitzen, zum Kochen bringen, Vanilleschote ziehen lassen. 30 g Zucker und die Stärke in einer Schüssel verrühren, Eigelb und Sahne dazugeben. Mischung zu einem glatten Teig verrühren.
Vanilleschote aus der Milch nehmen, Milch zu der Zubereitung aus Zucker, Stärke, Eigelb und Sahne gießen.
Bei mittlerer Hitze zum Kochen bringen, ständig quirlen.
2 Minuten köcheln lassen, weiter quirlen. Die Crème patissière wird dick und glatt. In eine Schüssel gießen und mit Frischhaltefolie zudecken. Kühl aufbewahren.

Mandelcreme

Für 320 g Mandelcreme
Zubereitung: 10 Minuten
75 g weiche Butter
60 g Puderzucker
2 kleine Eier
30 g Weizenmehl
75 g geriebene Mandeln

Butter und Zucker mit dem Schneebesen verrühren.
Eier, gesiebtes Mehl und geriebene Mandeln dazugeben.
Verrühren, bis die Creme klar und geschmeidig wird.

Zitronencreme

Für 630 g Zitronencreme
Zubereitung: 10 Minuten
Kochzeit: 10 Minuten
Frischhaltefolie
225 g Butter, 90 ml Zitronensaft, fein abgeriebene Schale einer unbehandelten Zitrone, 3 kleine Eier, 180 g grober Kristallzucker

Butter in einem Topf schmelzen, Zitronensaft und abgeriebene Zitronenschale dazugeben, aufkochen lassen, mit einem Schneebesen rühren.
In einer Schüssel Eier und Zucker schlagen, bis die Mischung weißlich wird, in den Topf gießen. Bei kleiner Hitze unter ständigem Rühren kochen lassen, noch einmal aufkochen. In eine Schale gießen. Mit Frischhaltefolie bedecken, kühl aufbewahren.

Blätterteig

Für 1 kg Teig
Zubereitung: 1 Stunde, Ruhezeit: 1 Stunde
Frischhaltefolie
1 TL Salz, 200 ml Wasser, 300 g kalte Butter, 500 g Weizenmehl, 10 g Zucker

In einer Schale Salz in dem Wasser auflösen. Butter in kleine Würfel schneiden. Mehl auf die Arbeitsfläche sieben. Butterwürfel darauf verteilen, mit Mehl bedecken. Eine Mulde hineindrücken und das Salzwasser hineingießen, Zucker dazugeben. Vorsichtig kneten, ohne die Butterwürfel zu zerdrücken, bis ein krümeliger Teig entsteht.
Teig in Frischhaltefolie 15 Minuten im Kühlschrank ruhen lassen. Teig auf einem mit Mehl bestäubten Arbeitstisch zu einem 1,5 cm dicken Rechteck ausrollen. Rechteck dritteln, erst das obere Drittel auf das mittlere Stück legen, dann das untere. Teig in Frischhaltefolie 15 Minuten im Kühlschrank ruhen lassen. Denselben Vorgang ein zweites Mal wiederholen. Teig in Frischhaltefolie weitere 30 Minuten im Kühlschrank ruhen lassen, ehe man ihn verwendet.

Ganache aus Bitterschokolade

Für 250 g Ganache
Zubereitung: 10 Minuten, Kochzeit: 5 Minuten
125 g Bitterschokolade
100 ml Milch
30 g Butter

Schokolade fein in eine Schüssel raspeln. Milch in einem Topf zum Kochen bringen und auf die geriebene Schokolade gießen. Mit einem Schneebesen vorsichtig verquirlen. In kleine Würfel geschnittene Butter dazugeben. Vorsichtig rühren, bis sie geschmolzen ist. Ganache kühl aufbewahren.

Linzer Teig

Für 650 g Linzer Teig
Zubereitung: 15 Minuten, Ruhezeit: 1 Stunde
je 1 TL Kakaopulver, gemahlener Zimt und Backpulver, 1 Prise Salz, 250 g Weizenmehl, 25 ml Milch, 2 mittelgroße Eier, 125 g Butter mit Raumtemperatur, 125 g Zucker

Dieser Mürbeteig wird ebenso hergestellt wie der Mürbeteig mit Nugat und Haselnüssen (*siehe Rezept S. 159*). Kakaopulver, Zimt und Backpulver mit dem Salz auf dem Mehlrand der Mulde verteilen, Milch mit den Eiern schlagen und Mischung in die Mulde gießen. Den Teig verkneten, dann 1 Stunde ruhen lassen.

Mürbeteig mit Nugat und Haselnüssen

Für 600 g Mürbeteig
Zubereitung: 20 Minuten
Ruhezeit: 1 Stunde

250 g Weizenmehl, 1 Prise Salz, 50 g gemahlene Haselnüsse,
150 g auf Raumtemperatur erwärmte Butter,
100 g Puderzucker, 25 g Nugat, 1 Ei
Kardamom, Zimt, gemahlener Pfeffer oder Curry, je nach Belieben

Mehl auf die Arbeitsfläche sieben und eine Mulde hineindrücken. Salz und gemahlene Haselnüsse auf dem Mehlrand verteilen. Butter, Puderzucker und Nugat in die Mulde geben, zu einer cremigen Masse verrühren. Allmählich das Mehl dazugeben, vorsichtig kneten, bis ein sandähnliches Gemisch entsteht.
In dieses Gemisch eine Mulde drücken. Ei in einer Schüssel schlagen und in die Mulde gießen. Teig vorsichtig und nicht zu lange kneten. Teig zu einer Kugel rollen und in Frischhaltefolie mindestens eine Stunde ruhen lassen.
Teig nach Belieben aromatisieren: 1 TL Kardamom, Zimt, gemahlenen Sternanis, 1 gestr. TL gemahlenen Pfeffer oder Curry in das Mehl geben.

Brandteig

Für 325 g Teig, also 40 Windbeutel mit 3 cm Durchmesser
oder 20 Eclairs von 5 cm Länge
Zubereitung: 25 Minuten

100 ml Vollmilch, 50 g Butter, 1 gestr. TL Zucker, 1 Prise Salz,
70 g gesiebtes Weizenmehl, 2 mittelgroße Eier

Milch, Butter, Zucker und Salz in einem Topf verrühren, zum Kochen bringen und vom Herd nehmen. Mehl hineinstreuen. Kräftig verquirlen. Topf wieder auf den Herd stellen und unter ständigem Rühren 3 Minuten kochen lassen. Teig in eine Schüssel gießen, zum Abkühlen etwas schwenken. Nacheinander 2 Eier unterrühren. Kräftig rühren, um einen glatten Brandteig zu erhalten.

Geschmolzene Bitterschokolade

1 Tafel Schokolade fein in eine Schale reiben. Wasserbad vorbereiten. Wenn das Wasser kocht, Topf vom Herd nehmen. Schale mit Schokolade in das Wasserbad stellen und mit einem Kochlöffel rühren, bis die Schokolade geschmolzen ist. Schale in eine Schüssel mit Eiswürfeln stellen. Temperatur der Schokolade mit einem Thermometer kontrollieren. Schokolade von den Wänden zur Mitte hin rühren, bis eine Temperatur von 28 °C erreicht ist. Schale wieder ins Wasserbad stellen, Schokolade auf 30–31 °C erwärmen. Um eine glänzende, flüssige Schokolade zu erhalten, ist es wichtig, die angegebenen Temperaturen zu beachten und in einem Raum zu arbeiten, dessen Temperatur nicht über 20 °C liegt.

Glasur »Glace royale«

Für 250 g Glasur
Zubereitung: 5 Minuten
200 g Puderzucker
Eiweiß von einem großen Ei,
Saft von ½ Zitrone

Gesiebten Puderzucker und Eiweiß mixen. Zitronensaft dazugeben. Mit einem Schneebesen 5 Minuten schlagen, bis die Glasur dick vom Löffel fließt.

Fruchtsorbets

Für 8 Personen
Zubereitung: pro Sorbet 15 Minuten

Erdbeersorbet
500 g entstielte Erdbeeren, 40 ml Wasser, 80 g Zucker,
Saft von 1 Zitrone

Blaubeer-Süssholz-Sorbet
500 g wilde Blaubeeren, 100 ml Wasser, 80 g Zucker,
Saft von 1 Zitrone, 1 TL geraspeltes Süßholz

Gelbes Pampelmusensorbet
400 ml Pampelmusensaft, 40 ml Wasser, 100 g Zucker,
Saft von 1 Zitrone

Minzsorbet
400 ml Wasser, 150 g Zucker, 30 gehackte Minzeblätter,
Saft von 1 Zitrone

Erdbeeren und Blaubeeren unter kaltem Wasser abspülen. Für jedes Sorbet Wasser, Zucker und Zitronensaft in einen kleinen Edelstahltopf gießen und zum Kochen bringen. Den Sirup zu den entsprechenden Früchten gießen und alles mixen, bis ein Fruchtbrei entsteht (für Erdbeer- und Blaubeer-Süßholz-Sorbet den Sirup aus Zucker, Wasser und Zitronen zum Pampelmusensaft bzw. über die Minze gießen). Jede der Mischungen in eine Speiseeismaschine füllen und die Sorbets herstellen. Sorbets im Gefrierfach aufbewahren. Vor dem Servieren 10 Minuten in den Kühlschrank stellen.

Apfel-Möhren-Konfitüre mit Ingwer

(Abb. S. 11)

Für 12 Gläser à 200 g
Zubereitung: 20 Minuten
Kochzeit: 20 Minuten

500 g Möhren
1,2 kg säuerliche Äpfel
2 unbehandelte Zitronen
1,2 kg grober Kristallzucker
100 g kandierter Ingwer

Möhren schälen und stifteln. Möhren in einem kleinen Topf mit Wasser bedecken und zum Kochen bringen. Köcheln lassen, bis die Möhren weich sind, und beiseite stellen.
Äpfel schälen, halbieren. Kerne entfernen, die Apfelhälften würfeln. Zitronenschale abreiben, Zitronen pressen. Gestiftelte Möhren, Apfelwürfel, Zucker, Zitronensaft und Zitronenschale in einem großen Kochtopf verrühren und aufkochen lassen.
Sorgfältig Schaum abschöpfen und weiterrühren. In feine Streifen geschnittenen kandierten Ingwer dazugeben. 10 Minuten köcheln lassen. In Gläser abfüllen und luftdicht verschließen.

»Drink me«-Nektar aus Himbeeren und Veilchen

(Abb. S. 12)

Für 1 l Sirup
Zubereitung: 10 Minuten
Kochzeit: 5 Minuten

700 g frische Himbeeren
200 g Zucker
300 ml Wasser
3 Tropfen Veilchenessenz

Himbeeren kurz unter kaltem Wasser abspülen. In einer Gemüsemühle (oder einem Sieb) zerkleinern. Fruchtmus beiseite stellen.
In einem kleinen Topf Zucker und Wasser verrühren. Wasser aufkochen, Schaum abschöpfen, abkühlen lassen. Veilchenessenz dazugeben. Veilchensirup in eine Flasche gießen. Himbeermus dazugeben. Kalt stellen.
Vor dem Verzehr gut schütteln und am selben Tag genießen.

Köstliche Säfte & würzige Tees

(Abb. S. 15)

Zitronensaft mit Kardamom

Saft von 2 saftigen Zitronen in ein Glas pressen und mit 30 g Zucker, 100 ml Wasser und einer Messerspitze gemahlenen Kardamom mischen.

Würziger Earl-Grey-Tee

Earl-Grey-Tee zubereiten, eine Messerspitze Orangenschale und Lebkuchengewürz hinzufügen, 3 Minuten ziehen lassen und anschließend filtern.

Orangensaft mit Himbeeren und Anis

Saft von 2 Orangen in ein Glas pressen, 100 g Himbeeren, 30 g Zucker und eine Messerspitze gemahlenen Sternanis dazugeben.

Südfrüchtesaft mit Zimt

Je 1 Orange, Pampelmuse und Zitrone pressen.
Den Saft in ein mit Zimtstangen garniertes Glas gießen.

Orangensaft in Bergamotteminze

3 Orangen pressen, Glas mit Bergamotteminzeblättern auslegen und Orangensaft darüber gießen.

Gepfefferter Ceylontee mit Orangenschale

Tee kochen, 3 Minuten ziehen lassen und filtern.
In ein Glas mit fein geschnittenen Stückchen der Schale von 1 unbehandelten Orange und 3 Pfefferkörnern gießen.

Zitronensaft mit Apfel und Rosmarin

Einen säuerlichen Apfel schälen, halbieren, entkernen und in kleine Würfel schneiden. Apfelwürfel mit dem Saft von 1 saftigen Zitrone, 30 g Zucker und Rosmarin in einem Glas mischen.

»Eat me«-Würfel mit Zitrone und Ingwer

(Abb. S. 16/17)

Für drei Würfel
Zubereitung: 30 Minuten
Ruhezeit: 30 Minuten
Backzeit: 8 Minuten
Backblech mit Backpapier
Frischhaltefolie

150 g Weizenmehl
100 g geschälte und gemahlene Mandeln
5 g frisch geriebener Ingwer
3 Messerspitzen fein abgeriebene Schale von 1 unbehandelten Zitrone
125 g weiche Butter
75 g Puderzucker
Eiweiß von 1 mittelgroßen Ei
Zitronencreme *(siehe Rezept S. 158)*
Glasur *(siehe Rezept S. 159)*

Mehl auf die Arbeitsfläche sieben. Eine Mulde hineindrücken und gemahlene Mandeln, Ingwer und Zitronenschale auf dem Mehlrand verteilen.
Butter und Puderzucker in die Mulde geben und zu einer cremigen Masse vermengen. Nach und nach das Mehl dazugeben, vorsichtig kneten, bis ein sandähnliches Gemisch entsteht.
Eiweiß dazugeben, vorsichtig kneten. Teig zu einer Kugel rollen. Teigkugel in Frischhaltefolie 30 Minuten ruhen lassen.
Backofen auf 180 °C (Gas Stufe 2–3) vorheizen. Teig auf einem leicht mit Mehl bestäubten Tisch 2 mm dick ausrollen. Zwölf Quadrate mit einem Teigrädchen ausschneiden.
Quadrate im Abstand von 3 cm auf ein mit Backpapier bedecktes Backblech legen, damit sie gleichmäßig backen und nicht aneinander kleben.
8 Minuten backen und abkühlen lassen. Kekse mit Zitronencreme bestreichen *(siehe Rezept S. 158)*. Jeweils 4 Kekse übereinander schichten und mit Glasur bestreichen *(siehe Rezept S. 159)*.

Kressesuppe

(Abb. S. 18/19)

Für 6 Personen
Zubereitung: 5 Minuten
Kochzeit: 10 Minuten

300 g Brunnenkresse
2 Knoblauchzehen
20 g Butter
750 ml Hühner-, Kalbs- oder Gemüsebrühe
Salz, frisch gemahlener Pfeffer
150 ml Crème fraîche

Kresse unter kaltem Wasser abspülen. Knoblauch schälen, fein hacken. Knoblauch in einem Schmortopf in Butter kurz anbraten.
Erst die Brühe, dann die Kresse dazugeben. Aufkochen und 5 Minuten köcheln lassen. Suppe pürieren, salzen und pfeffern. Zum Schluss Crème fraîche dazugeben.

Fischcocktail à la Alice

(Abb. S. 20)

Für 6 Personen
Zubereitung: 30 Minuten
6 Gläser

1 Pampelmuse
60 g Lachsrogen
1 kleines Bund Schnittlauch
4 Jakobsmuscheln
1 Avocado
100 g saure Sahne oder Crème fraîche
Salz, Pfeffer
Dillspitzen

Pampelmuse schälen und filetieren. Stücke zerkleinern und auf die Gläser verteilen.
Lachsrogen darüber anrichten, mit fein geschnittenem Schnittlauch bedecken. Rohe Jakobsmuscheln in feine Scheiben schneiden und auf die Gläser verteilen.
Avocado und Sahne mixen, salzen, pfeffern. Avocadocreme auf die Muscheln geben. Mit Dillspitzen garnieren. Cocktail gekühlt genießen. Mürbeteigfische dazu reichen *(siehe Rezept S. 161)*.

»Mäusekartoffeln« mit Frischkäse und geröstetem Sesam

(Abb. S. 23)

Für 6 Personen
Zubereitung: 10 Minuten
Kochzeit: 25 Minuten

10 g Butter
50 g Sesam
500 g Frischkäse
100 g Crème fraîche
Salz, frisch gemahlener Pfeffer
800 g kleine Kartoffeln
25 ml Öl
Meersalz
1 kleines Bund Schnittlauch

Butter in einem kleinen Topf schmelzen lassen, bis sie eine schöne goldgelbe Farbe annimmt. Sesam dazugeben, umrühren. Kurz rösten lassen, beiseite stellen.
In einer Schüssel Frischkäse und Crème fraîche verrühren. Nach Geschmack salzen und pfeffern. Kühl stellen.
Kartoffeln unter kaltem Wasser abspülen. Öl in einem Schmortopf erhitzen, Kartoffeln hineingeben und bei schwacher Hitze etwa 20 Minuten backen. Mit Meersalz würzen.
Frischkäse mit geröstetem Sesam und fein geschnittenem Schnittlauch garnieren und zu den goldgelb gebackenen Kartoffeln servieren.

Süss-salzige Mürbeteigfische

(Abb. S. 24/25)

Für etwa 60 Fische
Zubereitung: 60 Minuten
Ruhezeit: 30 Minuten
Backzeit: 8 Minuten
Frischhaltefolie
fischförmige Ausstechform
Backblech mit Backpapier

250 g Weizenmehl
1 Prise Salz
25 g gemahlene Haselnüsse
150 g weiche Butter
100 g Puderzucker
25 g Nugat
1 mittelgroßes Ei
50 ml Milch
20 g Mohn
20 g Sesam

Mehl auf die Arbeitsfläche sieben. Eine Mulde hineindrücken. Salz und gemahlene Haselnüsse auf dem Mehlrand verteilen. Butter, Puderzucker und Nugat in die Mulde geben, mit den Fingern zu einer cremigen Masse vermengen. Nach und nach das Mehl dazugeben, vorsichtig kneten, bis ein sandähnliches Gemisch entsteht.
In die Masse eine Mulde drücken. Ei in einer Schüssel schaumig schlagen und in die Mulde geben. Vorsichtig zu einem weichen Teig verkneten. Teig nicht zu stark durcharbeiten. Teig zu einer Kugel rollen und in Frischhaltefolie hüllen. 30 Minuten kühl ruhen lassen.
Teig auf der mit Mehl bestäubten Arbeitsfläche 2 mm dick ausrollen, mit der Ausstechform Fische ausschneiden.
Fische in 3 cm Abstand auf das mit Backpapier bedeckte Backblech legen, damit sie gleichmäßig backen und nicht aneinander festkleben. Mit Milch bestreichen. Mit Mohn oder Sesam bestreuen, etwa 8 Minuten backen.

Gefüllte Ente mit Trockenobst und Südfrüchten

(Abb. S. 26)

Für 8 Personen
Zubereitung: 1 Stunde
Ruhezeit: 6 Stunden
Garzeit: 2 Stunden
großer Gusseisen- oder Steingutbräter
Bindfaden
Aluminiumfolie

1 Ente von etwa 2 kg

Füllung
400 g entbeinte und gehäutete Entenschenkel
50 g getrocknete Aprikosen
50 g getrocknete Pflaumen
50 g kandierte Orangenfilets
50 g getrocknete Feigen
200 ml Gewürztraminer
1 TL Kräutermischung
300 g Schweinebrust ohne Schwarte
Entenleber
2 mittelgroße Eier
50 g Pinienkerne
10 g Salz
1 gestr. TL frisch gemahlener weißer Pfeffer

Zum Garnieren
1 kleiner Rübensellerie
2 kleine Möhren
6 Schalotten
8 Knoblauchzehen
2 unbehandelte Orangen
3 Messerspitzen gemahlener Kardamom
400 ml Geflügelfond oder Kalbsfond
400 ml Gewürztraminer

Für die Backflüssigkeit
50 g kandierte Orangenachtel in kleinen Würfeln

Die Entenschenkel in kleine Filets schneiden, das übrige Fleisch beiseite legen. Aprikosen, Pflaumen, Orangenfilets und Feigen in feine Streifen schneiden, mit Entenfilets, Gewürztraminer und Kräutern in einer Schüssel mischen. Schüssel zudecken und mindestens 6 Stunden marinieren lassen.
Gemüse und Früchte zum Garnieren vorbereiten: Dazu Sellerie und Möhren unter kaltem Wasser abspülen, schälen und in große Würfel schneiden. Schalotten und Knoblauchzehen schälen. Orangen unter kaltem Wasser spülen und abbürsten, achteln. Zutaten beiseite legen.
Füllung vorbereiten: Dazu Schweinebrust in Stücke schneiden. Entenleber mit einem kleinen Messer putzen und halbieren. Schweinebrust und Entenleber in einen Zerkleinerer geben (oder durch ein feines Sieb passieren). Die Masse dann in einer Schüssel mit den Entenfilets, den Eiern, den marinierten Früchten und den Pinienkernen vermischen. Würzen.
Backofen auf 210 °C (Gas Stufe 7) vorheizen. Ente innen und außen leicht salzen und pfeffern und mit der Farce füllen. Ente so zusammenbinden, dass Schenkel und Flügel beim Backen am Körper bleiben; in den Bräter legen. Garnitur ringsum verteilen und mit gemahlenem Kardamom bestreuen. 200 ml Geflügelfond und 200 ml Gewürztraminer über die Garnitur gießen und in den Ofen schieben. Ente nach 30 Minuten mit dem restlichen Fond und dem restlichen Gewürztraminer begießen. Temperatur auf 150 °C (Gas Stufe 1) reduzieren und 1,5 Stunden weiterbraten. Ente und Garnitur regelmäßig begießen.
Die fertige Ente aus dem Bräter nehmen und Bindfaden entfernen. Auf eine Servierplatte legen, mit Aluminiumfolie bedecken und wieder in den Ofen stellen. Bratensaft durch ein Trichtersieb seihen, abkühlen lassen und Fett von der Oberfläche abschöpfen. Saft in einen kleinen Topf gießen, Orangenachtel dazugeben und einen Moment einkochen lassen. Ente mit kleinen gebackenen Kartoffeln servieren.

Mangochutney mit Limetten und Koriander

(Abb. S. 27)

Für 5 Gläser à 200 g
Zubereitung: 15 Minuten
Ruhezeit: 1 Stunde
Kochzeit: 40 Minuten
Pergamentpapier

2 weiße Zwiebeln
900 g Mango
200 g grober Kristallzucker
Saft von zwei Limetten
5 Körner schwarzer geschroteter Pfeffer
40 Körner geschroteter Koriander
150 ml Weißweinessig
150 ml Gewürztraminer
150 g Lindenblütenhonig

Zwiebeln schälen und hacken. Mangos schälen, Kerne entfernen. Mangofleisch in kleine Würfel schneiden. Würfel in einer Schüssel mit Zucker, Limettensaft, Pfeffer, Koriander und den gehackten Zwiebeln mischen, bis ein Mus entsteht. Mit Pergamentpapier zudecken und 1 Stunde ziehen lassen.
Essig, Wein und Honig in einem kleinen Topf zum Köcheln bringen und auf die Hälfte einkochen. Mangomus dazugeben, nochmals etwa 20 Minuten kochen lassen und dabei vorsichtig umrühren.
Chutney in Gläser füllen, Gläser verschließen und für einige Minuten umdrehen, damit sie sich luftdicht verschließen. Einen Tag abkühlen lassen, im Kühlschrank aufbewahren.

Gemüsefrühling

(Abb. S. 31)

Für 6 Personen
Zubereitung: 15 Minuten
Kochzeit: 30 Minuten

12 kleine Möhren
18 Zuckerschoten
6 kleine Kohlrabi
6 kleine Stangensellerie
100 ml Wasser
1 TL grobes Salz
1 Schalotte
1 Stängel Petersilie
50 g Butter
Salz, frisch gemahlener Pfeffer

Gemüse unter kaltem Wasser abspülen, putzen und schneiden. Wasser mit dem groben Salz in einem Topf zum Kochen bringen. Gemüse einige Minuten darin blanchieren, mit einem Schaumlöffel herausnehmen und mit kaltem Wasser abschrecken. Schalotte ganz fein hacken, Petersilie abspülen und ebenfalls hacken.
In einem Schmortopf Butter zum Schmelzen bringen, Schalotte, gehackte Petersilie, Gemüse und Wasser dazugeben. Salzen, pfeffern und bei geringer Hitze 10 Minuten köcheln lassen, gelegentlich umrühren, bis das Gemüse weich ist.

Kieselsteine

(Abb. S. 32/33)

Zubereitung: 15 Minuten
Ruhezeit: 12 Stunden
Backzeit: 8 Minuten
2 leicht gefettete und mit Mehl bestäubte Backbleche
Pergamentpapier
Teigspritze mit einfacher Tülle (8 mm Durchmesser)

100 g Weizenmehl
1 großes Ei
100 g Zucker
Kakaopulver zum Bestäuben

Mehl auf Pergamentpapier sieben. Ei und Zucker in einer Schüssel mit dem Schneebesen zu einer blassgelben sahnigen Creme schlagen. Mehl darüberstreuen und vorsichtig unterrühren. Mit der Teigspritze kleine Kugeln in einem Abstand von 3 cm auf den leicht gefetteten und mit Mehl bestäubten Backblechen formen. Eine Nacht lang trocknen lassen (bei einer Raumtemperatur von 22 °C). Backofen auf 170 °C (Gas Stufe 2) vorheizen. Nach Belieben mit Kakao bestäuben. 10 Minuten backen. Beim Backen gehen die Kugeln etwas auf, der Boden wird honiggelb. Kekse in einer Metallbüchse aufbewahren.

Gefüllte Kohlblätter mit geschmolzener Butter

(Abb. S. 35)

Für 6 Personen
Zubereitung: 30 Minuten
Garzeit: 35 Minuten

12 schöne Grünkohlblätter
100 ml Wasser
1 TL grobes Salz
6 Möhren
1 Sellerie
6 Kohlrabi
1 Zwiebel
1 Stängel Petersilie
60 g Butter
20 ml Öl
Salz, frisch gemahlener Pfeffer
200 g fein gehacktes Kaninchenfleisch
300 ml Gemüsefond

Kohlblätter unter kaltem Wasser abspülen. In einem Topf Wasser mit dem groben Salz zum Kochen bringen. Kohlblätter ein paar Minuten blanchieren.
Mit dem Schaumlöffel herausnehmen und unter kaltem Wasser abschrecken. Restliches Gemüse schälen und in kleine Würfel schneiden. Zwiebel fein hacken. Petersilie abspülen und hacken.
In einem Schmortopf 20 g Butter mit Öl, Zwiebeln und gehackter Petersilie andünsten. Klein geschnittenes Gemüse und Wasser dazugeben. Salzen und pfeffern. Bei kleiner Hitze 10 Minuten köcheln lassen, ab und zu umrühren, bis das Gemüse weich gekocht ist.
Ränder der Kohlblätter abschneiden. Blätter auf einem Teller ausbreiten. Mit etwas gesalzenem und gepfefferten Kaninchenhack und Gemüse garnieren. Zu kleinen Kissen falten.
Ofen auf 180 °C (Gas Stufe 2–3) vorheizen. Gefüllte Kohlblätter in eine Gratinform legen. Heißen Gemüsefond darübergießen. 10 Minuten im Ofen garen. In einem Töpfchen 40 g Butter schmelzen, bis sie eine schöne goldgelbe Farbe annimmt. Kohlblätter in tiefe Teller geben und mit etwas Butter begießen.

Kohlrabisaft mit Kräutern

(Abb. S. 36)

Für 6 Personen
Zubereitung: 20 Minuten
Kochzeit: 10 Minuten

1,4 kg Kohlrabi
einige Stängel glatte Petersilie, Schnittlauch, Thymian
Salz, frisch gemahlener Pfeffer
10 g Zucker
Saft von 4 Orangen
50 ml Wodka

Kohlrabi schälen und in feine Scheiben schneiden. Kohlrabischeiben in einem Topf mit Wasser gar kochen. Kräuter unter kaltem Wasser abspülen, fein hacken. Gemüse pürieren, nach Belieben salzen und pfeffern. Zucker, Kräuter, Orangensaft und Wodka dazugeben.

Möhrensaft mit Kardamom

(Abb. S. 36)

Für 6 Personen
Zubereitung: 15 Minuten

1,5 kg Möhren
30 g Zucker
Salz, frisch gemahlener Pfeffer
4 Prisen gemahlener Kardamom
Saft von 4 Zitronen
50 ml Wodka
Zitronenschalenschnitze zum Garnieren

Möhren unter kaltem Wasser abspülen und in dünne Scheiben schneiden. In einem Entsafter die geschnittenen Möhren auspressen. Zucker, Salz, Pfeffer und gemahlenen Kardamom, Zitronensaft und Wodka dazugeben. Mit den Zitronenschalenschnitzen garnieren.

Radieschen-Himbeer-Saft

(Abb. S. 36)

Für 6 Personen
Zubereitung: 15 Minuten

250 g frische Himbeeren
700 g kleine rote Radieschen
Salz, frisch gemahlener Pfeffer
25 g Zucker
500 ml Wodka

Himbeeren vorsichtig abspülen und im Entsafter zu Saft auspressen. Radieschen unter kaltem Wasser abspülen, in dünne Scheiben schneiden.
Radieschen ganz fein pürieren, nach Belieben salzen und pfeffern. Zucker, Himbeersaft und Wodka dazugeben. Vorsichtig umrühren.

Tomatensaft mit Dill

(Abb. S. 36)

Für 6 Personen
Zubereitung: 15 Minuten

1,4 kg Tomaten
Salz, frisch gemahlener Pfeffer
15 g Zucker
50 ml Wodka
Dillspitzen
etwas Olivenöl

Einen Topf mit Wasser erhitzen. Tomaten einritzen und 1 Minute in kochendes Wasser legen. In einer Schüssel mit kaltem Wasser abkühlen lassen.
Tomaten häuten, vierteln, Kerne entfernen. Tomatenviertel ganz fein pürieren. Nach Geschmack salzen und pfeffern. Zucker und Wodka dazugeben. Mit Dillspitzen und ein paar Tropfen Olivenöl garnieren.

Geschmorte süss-saure Pfifferlinge mit Schalotten

(Abb. S. 41)

Für 6 Personen
Zubereitung: 15 Minuten
Garzeit: 15 Minuten

300 g junge Schalotten
20 g Butter
20 g Blütenhonig
50 ml Weinessig
Salz, frisch gemahlener Pfeffer

Pfifferlinge unter kaltem Wasser abspülen und putzen. Schalotten schälen und in Längsrichtung vierteln. In einem Schmortopf Butter und Honig schmelzen. Essig dazugeben, auf die Hälfte einkochen. Pilze und Schalotten in den Sud geben. Salzen und pfeffern. Etwa 10 Minuten köcheln lassen.

Morcheln in Sahnesosse und kandierte Knoblauchknollen

(Abb. S. 43)

Für 6 Personen

Morcheln in Sahnesosse
Zubereitung: 30 Minuten
Garzeit: 30 Minuten

900 g frische Morcheln
400 ml flüssige Sahne
1 dünne Scheibe geräucherter Speck
2 Schalotten
10 g Butter
100 ml trockener Weißwein
Salz, frisch gemahlener Pfeffer

Kandierte Knoblauchknollen
Zubereitung: 5 Minuten
Garzeit: 1 Stunde

3 Knoblauchknollen
100 g Blütenhonig
100 ml Weinessig
Salz, frisch gemahlener Pfeffer
500 ml Geflügelfond
Toastbrot
Butter

Zubereitung der Morcheln: Morcheln mehrfach unter kaltem Wasser abspülen. In einem Topf Sahne und Speck erhitzen. 10 Minuten ziehen lassen. Speck herausnehmen, Morcheln in die aromatisierte Sahne legen. 20 Minuten bei schwacher Hitze köcheln lassen. Morcheln mit einem Schaumlöffel herausnehmen und beiseite legen. Schalotten schälen und fein hacken. In einem Schmortopf Butter und Schalotten erhitzen. Bratensatz mit Weißwein ablösen und einkochen. Aromatisierte Sahne dazugeben. Bei schwacher Hitze 5 Minuten köcheln, um Soße einzudicken. Morcheln dazugeben, salzen und pfeffern. Warm stellen, bis die Knoblauchknollen gar sind.

Zubereitung der Knoblauchknollen: Backofen auf 170 °C (Gas Stufe 2) vorheizen. Knoblauchknollen quer halbieren und in einen Schmortopf geben. In einem Topf Honig und Essig einkochen und über die Knoblauchknollen gießen. Salzen und pfeffern. Im Ofen etwa 1 Stunde backen. Dabei regelmäßig mit Geflügelfond überziehen. Die zarten Knoblauchzehen herauslösen und auf einer Scheibe Toastbrot mit Butter servieren. Köstlich!

Pilze und Zwiebelscheiben im Teigmantel

(Abb. S. 44/45)

Für 6 Personen
Zubereitung: 30 Minuten
Garzeit: 15 Minuten

200 g Champignons
200 g Seitlinge
200 g Pfifferlinge
200 g Röhrlinge
3 große rote Zwiebeln

Krapfenteig
1 l Erdnussöl (zum Backen)
300 g Weizenmehl
200 ml Milch
100 ml Sahne
50 ml Bier
2 mittelgroße Eier
Salz, frisch gemahlener Pfeffer
Meersalz

Pilze unter kaltem Wasser abspülen und putzen. Zwiebeln schälen und in dicke Ringe schneiden. In einem Schmortopf Öl auf 180 °C erhitzen.
Krapfenteig zubereiten: Mehl in eine Schüssel sieben, Milch, Sahne, Bier und Eier dazugeben. Mit einem Schneebesen zu einem glatten Teig verrühren. Salzen und pfeffern.
Pilze und Zwiebelscheiben in den Teig tauchen. Im Ölbad backen. Wenn sie gut gebräunt sind, mit einem Schaumlöffel herausholen. Auf Küchenpapier legen. Mit etwas Meersalz bestreuen und sofort servieren.

Pfeffersuppe mit Gemüse und Speck

(Abb. S. 48/49)

Für 6 Personen
Zubereitung: 15 Minuten
Garzeit: 30 Minuten

200 g Zuckerschoten
200 g kleine Möhren
200 g Zucchini
200 g Blumenkohl
1 Frühlingszwiebel
3 Knoblauchzehen
1 Scheibe geräucherter Speck
20 g Butter
Salz, frisch gemahlener Pfeffer
1 l Wasser

Gemüse unter kaltem Wasser abspülen. Zuckerschoten und Möhren putzen. Zucchini in kleine Würfel schneiden. Blumenkohl in kleine Röschen teilen. Frühlingszwiebel und Knoblauchzehen schälen und fein hacken. Speck in kleine Stücke schneiden.
In einem Schmortopf Butter, Zwiebeln, Knoblauch und Speck erhitzen. Vorbereitetes Gemüse dazugeben, salzen und pfeffern. Bei mittlerer Hitze 3 Minuten glasieren, vorsichtig umrühren. Wasser dazugießen, zum Kochen bringen. Bei kleiner Hitze 20 Minuten köcheln lassen. Nachwürzen.

Der Käse der Chesterkatze

(Abb. S. 50)

Für 6 Personen
Zubereitung: 15 Minuten
Garzeit: 30 Minuten
Steingutform mit 30 cm Durchmesser

100 g Butter
3 große Scheiben Weißbrot
30 g Weizenmehl
150 ml Milch
375 g geriebener Chesterkäse
20 g Senf
Salz, frisch gemahlener Pfeffer

Backofen auf 210 °C (Gas Stufe 4) vorheizen.
50 g Butter auf 2 Scheiben Brot streichen. Brot im Ofen goldbraun rösten. In einem Topf 50 g Butter schmelzen lassen. Mehl dazugeben, anschwitzen, kräftig umrühren. Milch dazugießen. Unter ständigem Rühren mit einem Schneebesen zum Kochen bringen. Geriebenen Käse und Senf dazugeben. Umrühren, bis der Käse geschmolzen ist. Salzen und pfeffern.
Die gerösteten Brotscheiben mit dieser Creme bestreichen und in die Steingutform legen. Die dritte Brotscheibe in Stücke schneiden, um einen Katzenkopf zu gestalten (Augen, Ohren, Nase und Mund). Diese Stücke auf einer der beiden mit Käsecreme bestrichenen Brotscheiben anordnen. Brotscheiben in der Steingutform zum Bräunen für etwa 10 Minuten in den Backofen schieben. Sofort servieren.

Gepfeffertes Birnenschwein

(Abb. S. 52/53)

Für 6 Personen
Zubereitung: 15 Minuten
Garzeit: 65 Minuten
gusseiserner Schmortopf

1,5 kg Schweinebrust
200 g Heidehonig
Salz, Cayennepfeffer, Kubebenpfeffer, Sichuanpfeffer
200 ml Weinessig
500 ml trockener Weißwein
6 saftige, säuerlich-herbe Birnen

Backofen auf 210 °C (Gas Stufe 4) vorheizen. Schwarte der Schweinebrust einschneiden. Fleisch in einen Schmortopf legen, mit Honig bestreichen, salzen, pfeffern und in den Backofen schieben. Bratenfond nach 10 Minuten mit Essig ablöschen. Temperatur auf 180 °C (Gas Stufe 2–3) reduzieren. Nach 20 Minuten Wein dazugießen. Birnen schälen und einschneiden, um das Fleisch herum verteilen. Weitere 30 Minuten braten, Fleisch und Birnen regelmäßig begießen. Wenn das Fleisch durch ist, Bratenfond filtern und in einen Topf gießen. Zerstoßene Pfefferkörner dazugeben, 5 Minuten einkochen lassen. Schweinebraten mit den Birnen, der Pfeffersoße und der Minzsoße *(siehe Rezept S. 188)* servieren.

Muffins à la Alice

(Abb. S. 55)

Für 6 Personen
Zubereitung: 15 Minuten
Ruhezeit: 2 Stunden
Backzeit: 10 Minuten
leicht gefettetes und mit Mehl bestäubtes Backblech

500 g Weizenmehl
300 ml Milch
30 g weiche Butter
10 g Zucker
10 g Salz
15 g Bierhefe

Alle Zutaten in einer Schüssel vermengen und die Masse rühren, bis ein weicher Teig entsteht. Schüssel zudecken und 2 Stunden ruhen lassen.
Eigroße Kugeln formen. Bei Bedarf zusätzliches Mehl hinzufügen, um den Teig fester zu machen. Kugeln flach drücken und auf ein mit Mehl bestäubtes Tuch legen.
Mit einem weiteren Tuch bedecken und an einem warmen Ort gehen lassen, bis sich ihre Größe verdoppelt hat.
Backofen auf 180 °C (Gas Stufe 2–3) vorheizen. Kugeln auf das Backblech setzen. Wenn sie auf einer Seite goldgelb sind, Muffins mit einem Palettenmesser wenden. Einige Minuten Backzeit reichen aus.
Und so genießt man die Muffins zum Fünf-Uhr-Tee: Muffins halbieren und toasten. Dann beide Seiten mit Butter bestreichen und die Muffins wieder zuklappen.

Apfel-Orangen-Kuchen mit Whisky

(Abb. S. 56)

Für 6 Personen
Zubereitung: 30 Minuten
Backzeit: etwa 35 Minuten
blumenförmige Kuchenform

1 süß-säuerlicher Apfel
1 Orange
20 ml Whisky
100 g weiche Butter
60 g Zucker
1 großes Ei
10 ml Milch
175 g Weizenmehl
2 TL frisch geriebener Ingwer
1 TL Backpulver
200 g Aprikosenkonfitüre

Zum Dekorieren
kandierte Früchte

Backofen auf 200 °C (Gas Stufe 3–4) vorheizen. Apfel schälen, entkernen und in Würfel schneiden. Orange schälen, häuten und filetieren. Früchte und Whisky in einer Schale mischen und ziehen lassen. Kuchenform leicht einfetten und mit Mehl bestäuben. In einer Schüssel weiche Butter und Zucker verrühren. Ei, Milch, Mehl, geriebenen Ingwer und Backpulver dazugeben. Vorsichtig verrühren, dann die Früchte in Alkohol untermischen. Teig in die Kuchenform geben.
Temperatur auf 180 °C (Gas Stufe 2–3) reduzieren. Kuchen etwa 35 Minuten backen, bis er aufgeht und goldbraun wird. Kuchen auf ein Gitter stürzen und abkühlen lassen. Aprikosenkonfitüre in einem kleinen Topf erhitzen. Kuchen mit der Konfitüre bestreichen. Mit den kandierten Früchten dekorieren.

Pudding der Übergeschnappten

(*Abb. S. 57*)

Für 8 Personen
Zubereitung: 1 Stunde
Garzeit: 6–7 Stunden
Kühlzeit: 12 Stunden
Pariser Briocheform mit 20 cm Durchmesser und 8 cm Höhe
Frischhaltefolie

300 g Nierenfett
125 g Weizenmehl
250 g Paniermehl
1 Prise Salz
250 g Rohrzucker
4 mittelgroße Eier
100 ml Milch
1 gestr. TL Weihnachtskräuter
(Zimt, Kardamom, Sternanis usw.)
1 gestr. TL geriebene Muskatnuss
250 g Korinthen und 250 g Smyrna-Rosinen
40 g fein abgeriebene Schale mehrerer unbehandelter Zitronen
40 g fein in Würfel geschnittene kandierte Zitronenscheiben
50 ml Cognac

Zum Dekorieren
kandierte Früchte

Fett am Vortag fein hacken. Mehl, Paniermehl, Fett, Salz und Zucker mit einem Rührstab verrühren. Geschlagene Eier und Milch dazugeben. Kräuter, Muskat, Korinthen, Rosinen, Zitronenschale und kandierte Zitronenwürfel daruntermischen. Mit Frischhaltefolie zudecken. 12 Stunden kühl ruhen lassen. Am nächsten Tag Cognac unterrühren. Innenseite der Briocheform mit Frischhaltefolie bedecken, Pudding einfüllen. Form in ein Tuch hüllen und in einen Topf mit kochendem Wasser stellen. 6–7 Stunden im köchelnden Wasser stehen lassen. Das Wasser muss bis an den Rand der Form reichen. Form aus dem Wasser nehmen, Tuch abnehmen und Pudding stürzen. Mit kandierten Früchten garnieren. Mit geschmolzener Butter genießen oder ein Dutzend Zuckerwürfel in den Pudding stecken, mit Rum begießen und anzünden.

Fruchtgelee

(*Abb. S. 59*)

Für 8 Personen
Zubereitung: 20 Minuten
Kühlzeit: 12 Stunden
Puddingform mit einem Fassungsvermögen von 1,5 l

40 g Gelatineblätter
500 ml frischer Fruchtsaft
500 ml Mineralwasser
200 g Zucker
rote Früchte (Erdbeeren, Himbeeren ...),
nach Belieben

Zum Dekorieren
gezuckerte Erdbeeren

Puddingform am Vortag in den Kühlschrank stellen. Gelatineblätter in einer großen Schale mit kaltem Wasser einweichen. Fruchtsaft, Mineralwasser und Zucker in einer zweiten Schüssel mischen.
Gelatineblätter leicht ausdrücken und in warmem Wasser auflösen. Ein Viertel des gesüßten Fruchtsafts in die geschmolzene Gelatine geben, noch einmal leicht erwärmen.
Lauwarmen Gelatinesaft in den restlichen gesüßten Fruchtsaft gießen. Mit dem Schneebesen verquirlen und in die Puddingform gießen. Wenn das Gelee mit frischen Früchten zubereitet werden soll, die Form nur zur Hälfte mit Fruchtsaft füllen, den Saft fest werden lassen.
Die frischen Früchte hinzufügen. Erneut mit Fruchtsaft bedecken. Eine Nacht lang im Kühlschrank fest werden lassen. Am nächsten Tag Form für einen Moment in ein warmes Wasserbad stellen, Gelee stürzen und mit gezuckerten Erdbeeren dekorieren. Fruchtgelee gut gekühlt servieren. Dieses Gelee lässt sich mit allen Fruchtsäften zubereiten (Himbeere, Erdbeere, Blaubeere, Zitrone, Pampelmuse, Orange ...). Man kann auch in einer Form eine Komposition mehrerer Geschmacksnoten erreichen, indem man die Fruchtsäfte mit Gelatine nacheinander in die Form füllt.

Glacierte Pampelmusenchips

(Abb. S. 60)

Für etwa 40 Chips
Zubereitung: 10 Minuten
Kühlzeit: 24 Stunden
Backzeit: 15–20 Minuten
normales Backblech
gewelltes Backblech

100 g Zucker
fein abgeriebene Schale von einem Viertel einer unbehandelten Pampelmuse
15 g Weizenmehl
100 g gestiftelte Mandeln
20 ml Pampelmusensaft
80 g geschmolzene kalte Butter

Für die Eisgarnitur der Chips
(siehe Fruchtsorbetrezepte S. 159)

½ l Blaubeer-Süßholz-Sorbet
½ l gelbes Pampelmusensorbet
½ l Erdbeersorbet
½ l Minzsorbet

Am Vortag in einer Schüssel Zucker, Pampelmusenschale, Mehl und Mandeln mischen. Am Zubereitungstag erst den Pampelmusensaft, dann die geschmolzene Butter dazugeben. Vorsichtig mit einem Kochlöffel verrühren. Zubereitung eine Nacht im Kühlschrank ruhen lassen. Backofen auf 150 °C (Gas Stufe 1) vorheizen. Auf einem Backblech nussgroße Tropfen des Teigs verteilen, mit einem Löffelrücken ganz flach drücken.
Zwischen den Chips mindestens 3 cm Abstand lassen. 15–20 Minuten backen, bis die Chips goldbraun sind. Sofort mit einem Palettenmesser vom Blech nehmen und auf das gewellte Blech legen, damit sie sich biegen. Wenn die Chips kalt sind, kleine Eiskuchen anrichten: einen Chip auf jeden Teller legen, mit einer Kugel Sorbet *(siehe Rezept S. 159)* garnieren.
Darüber einen zweiten Chip und eine zweite Kugel Sorbet legen. Jedes Dessert besteht aus 4 Chips und 4 Kugeln verschiedener Sorbets. Pampelmusenchips mit Eis sofort verzehren. Dazu passt ein Pfefferminztee mit Pfeffer.

Sauerkirschsuppe mit Rosenblättern

(Abb. S. 62/63)

Für 6 Personen
Zubereitung: 20 Minuten
Kochzeit: 10 Minuten

1,3 kg Sauerkirschen
200 g grober Kristallzucker
100 g gestiftelte Mandeln
50 ml Rosenwasser
Blütenblätter von 3 Rosen

Kirschen unter kaltem Wasser abspülen. Stiele und Kerne entfernen. In einem Topf Kirschen und Zucker verrühren. Kurz aufkochen. In eine Schüssel gießen. Über Nacht kalt stellen. Vor dem Servieren der Suppe gestiftelte Mandeln, Rosenwasser und Rosenblätter dazugeben. Nachspeise gut gekühlt mit Erdbeersorbet *(siehe Rezept S. 159)* servieren.

Spielkartenkekse mit Nüssen

(Abb. S. 65)

Für 6 Personen
Zubereitung: 30 Minuten
Kühlzeit: 30 Minuten
Backzeit: 8 Minuten
2 Backbleche mit Backpapier
Frischhaltefolie

100 g Weizenmehl
75 g gehackte Nüsse
3 Messerspitzen fein geraspelte Schale von 1 unbehandelten Orange
75 g kalte Butter
75 g Zucker
1 kleines Ei

Zum Dekorieren
100 g Glasur *(siehe Rezept S. 159)*
20 ml Whisky
rote Lebensmittelfarbe
schwarze Lebensmittelfarbe
1 Papierröhrchen

Mehl auf die Arbeitsfläche sieben und eine Mulde hineindrücken. Fein gehackte Nüsse und Orangenschale auf dem Mehlrand verteilen. Butter und Zucker in die Mulde geben und mit den Fingern zu einer cremigen Masse vermengen. Mehl hinzufügen, vorsichtig kneten, bis ein sandähnliches Gemisch entsteht. Ei dazugeben und noch einmal vorsichtig kneten. Teig zu einer Kugel rollen, in Frischhaltefolie 30 Minuten kühl stellen.
Backofen auf 180 °C (Gas Stufe 6) vorheizen. Teig auf der mit Mehl bestäubten Arbeitsfläche 3 mm dick ausrollen. Rechtecke in Spielkartengröße ausschneiden, mit 3 cm Abstand voneinander auf die Backbleche legen. Kekse etwa 8 Minuten goldbraun backen. In einer Schale Glasur und Whisky verrühren. Eine Seite der Kekse mit der aromatisierten Glasur bestreichen. Trocknen lassen. Mithilfe eines Papierröhrchens die Spielkarten mit etwas gefärbter Glasur verzieren.

Rosenherzen

(Abb. S. 66/67)

Für 6 Personen
Zubereitung: 30 Minuten
Teigspritze mit einfacher Tülle

150 g frische Himbeeren
200 ml flüssige Sahne
25 g Puderzucker
15 ml Rosenwasser
6 weiße Rosen
6 rote Rosen
6 entkernte Litchi

In einem Teller 50 g Himbeeren mit einer Gabel zerdrücken. Himbeermus in einer vorgekühlten Schale mit Sahne, Puderzucker und Rosenwasser verrühren und steif schlagen. Innere Blütenblätter der Rosen entfernen. Mit einer Teigspritze mit einfacher Tülle etwas Sahne in die Rosen spritzen. Rote Rosen mit ganzen Himbeeren und weiße Rosen mit einer Litchi garnieren. Sofort servieren. Ispahan, die Litchi-, Himbeer- und Rosenmakrone meines Freundes Pierre Hermé, hat mich zu dieser köstlichen Komposition inspiriert.

Kandierte Gärten

(Abb. S. 68)

Für 6 Personen
Zubereitung: 30 Minuten
Ruhezeit: 30 Minuten
Backzeit: 8 Minuten
2 Backbleche mit Backpapier
Frischhaltefolie

100 g Weizenmehl
75 g fein gehackte Mandeln
75 g kalte Butter
75 g Zucker
1 kleines Ei
20 ml Kirschlikör

Zum Garnieren
200 g Glasur *(siehe Rezept S. 159)*
30 ml Wasser
20 g Pistazienpaste
200 g Ganache *(siehe Rezept S. 158)*
10 Scheibchen kandierte Orangen
10 Scheibchen kandierte Zitronen
10 Scheibchen kandierte Pampelmusen
15 kandierte Bigarreaukirschen
1 Stängel kandierter Engelwurz

Das Mehl auf die Arbeitsfläche sieben und eine Mulde hineindrücken. Die fein gehackten Mandeln auf dem Mehlrand verteilen. Butter und Zucker in die Mulde geben und zu einer cremigen Masse verrühren. Nach und nach das Mehl hinzugeben und vorsichtig kneten, bis ein sandähnliches Gemisch entsteht. Ei und Kirschlikör dazugeben. Weiter vorsichtig kneten, Teig zu einer Kugel rollen und in Frischhaltefolie 30 Minuten kühl ruhen lassen. Backofen auf 180 °C (Gas Stufe 2–3) vorheizen. Teig auf der mit Mehl bestäubten Arbeitsfläche 3 mm dick ausrollen. Dreiecke mit 10 cm Seitenlänge ausschneiden. In einem Abstand von 3 cm auf das Backblech legen. Dreiecke etwa 8 Minuten goldgelb backen. In einer Schale Glasur, Wasser und Pistazienpaste mischen. Eine Seite der Kekse in die Glasur tauchen und trocknen lassen. Zum Schluss die Dreiecke mit etwas Ganache und einigen kandierten Früchten garnieren.

Pistazienbüsche

(Abb. S. 70/71)

Für 4 bis 6 Personen
Zubereitung: 40 Minuten
Backzeit: 10 Minuten
Backblech mit Backpapier
Teigspritze mit Rosettentülle

Makronenteig
Eiweiß von 5 mittelgroßen Eiern
150 g Zucker
140 g fein gehackte Mandeln

Creme
250 ml flüssige Sahne
25 g Puderzucker
25 g Pistazienpaste
25 g fein gehackte Pistazienkerne

Zum Garnieren
10 schwarze Kirschen

Makronenteig: In einer Schale Eiweiß und 100 g Zucker zu einem festen Schaum schlagen. Auf einem Teller gehackte Mandeln und 50 g Zucker mischen, über das geschlagene Eiweiß streuen und vorsichtig mit einem Rührlöffel unterheben. Backofen auf 200 °C (Gas Stufe 3–4) vorheizen. Makronenteig auf einem Backblech mit Backpapier gleichmäßig verteilen, etwa 10 Minuten backen. Wenn die Makrone abgekühlt ist, Quadrate in abnehmender Größe schneiden, um Pyramiden mit 4–5 Etagen formen zu können.
Für die Creme: In einer Schale (15 Minuten im Kühlschrank vorgekühlt) Sahne, Puderzucker, Pistazienpaste und gehackte Pistazienkerne mischen. Zu einer Pistaziensahne aufschlagen. Kühl stellen.
Fertigstellung der Büsche: Jedes Gebäckstück besteht aus 4–5 Etagen Makrone. Zwischen die einzelnen Makronenschichten mit einer Teigspritze mit Rosettentülle etwas Pistaziensahne spritzen. Die Spitzen der Büsche mit einer schwarzen Kirsche garnieren. Die kleinen Makronenbüsche kühl lagern.

Artischockenschildkröte

(Abb. S. 73)

Für 6 Personen
Zubereitung: 45 Minuten
Kochzeit: 30 Minuten
Kühlzeit: 12 Stunden

5 Artischocken
1 kleiner Sellerie
3 Möhren
1 weiße Rübe
1 kleiner Blumenkohl
Salz
10 g Butter
1 Bund Petersilie
frisch gemahlener Pfeffer
3 Blätter Gelatine
300 ml Gemüsebouillon

Artischockenherzen etwa 20 Minuten kochen und zusammen mit den Artischockenblättern beiseite legen. Das übrige Gemüse abspülen und putzen. Sellerie, Möhren und Rübe in kleine Würfel schneiden, Blumenkohl in kleine Röschen teilen. In einem Topf Wasser zum Kochen bringen und Salz hinzufügen. Butter dazugeben. Gemüse darin 5 Minuten garen. Mit dem Schaumlöffel herausnehmen und mit kaltem Wasser abschrecken. Gemüse in eine Schüssel mit einem Fassungsvermögen von 1 l geben, gehackte Petersilie darüberstreuen. Vorsichtig vermengen, mit einer Gabel zusammendrücken, salzen und pfeffern. Gelatine in einer Schale mit kaltem Wasser einweichen. Gemüsebouillon in einem Topf leicht erwärmen, abgetropfte Gelatineblätter dazugeben und verrühren. Bouillon über das Gemüse geben. Im Kühlschrank eine Nacht lang fest werden lassen. Schüssel kurz in ein warmes Wasserbad stellen und auf einen Servierteller stürzen. Mit Artischockenblättern garnieren. Schildkröte mit einer Kräutervinaigrette und den in feine Streifen geschnittenen Artischockenherzen servieren.

Makrelen-Spargel-Terrine

(Abb. S. 75)

Für 6 Personen
Zubereitung: 30 Minuten
Garzeit: 20 Minuten
Kühlzeit: 12 Stunden

10 ml Olivenöl
20 g Butter
600 g Makrelenfilets
Salz, frisch gemahlener Pfeffer
600 g grüner Spargel
1 kleines Bund Dill
4 Gelatineblätter
400 ml Gemüsebouillon

Öl und 10 g Butter in einer Pfanne erhitzen. Makrelenfilets salzen und pfeffern, mit der Fleischseite nach unten in die Pfanne legen. Bei schwacher Hitze etwa 4 Minuten braten, Filets aus der Pfanne nehmen und beiseite legen. Spargel unter kaltem Wasser abspülen und schälen. In einem Topf Wasser zum Kochen bringen, Spargel hineingeben und 10 g Butter hinzufügen. Salzen und pfeffern. Köcheln lassen, bis der Spargel weich ist. Mit einem Schaumlöffel herausnehmen und mit kaltem Wasser abschrecken. Makrelenfilets, Spargel und Dill in eine Glasschale (20 cm Durchmesser, 4 cm hoch) legen. Gelatine in einer Schale mit kaltem Wasser einweichen.
In einem Topf Gemüsebouillon aufwärmen, abgetropfte Gelatine dazugeben und verrühren. Bouillon über die Makrelen und den Spargel gießen. Eine Nacht im Kühlschrank fest werden lassen. Am nächsten Tag auf eine Servierplatte stürzen.

Langustinen am Strand

(Abb. S. 77)

Für 6 Personen
Zubereitung: 20 Minuten
Kochzeit: 10 Minuten

1 kleine Zucchini
18 küchenfertige Langustinen
1 EL Erdnussöl
40 g Butter
Saft und Schale von 1 unbehandelten Orange

Zucchini unter kaltem Wasser abspülen. Mit einem Schälmesser in dünne Streifen schneiden. In einen Topf geben und mit Wasser bedecken. 1 Minute köcheln lassen. Zucchinistreifen abtropfen lassen und beiseite legen.
Öl und 10 g Butter in einer Antihaftpfanne erhitzen. Langustinen darin bei mittlerer Hitze 3 Minuten garen lassen, vorsichtig wenden. Langustinen herausnehmen und beiseite legen.
In dieselbe Pfanne Saft und Schale der Orange geben. 5 Minuten köcheln lassen, um den Saft zu reduzieren. 30 g Butter dazugeben, vorsichtig umrühren. Langustinen in eine Schale legen und mit Zucchinistreifen und Orangenschalenstücken garnieren. Mit der Butterorangensoße übergießen.

Blätterteigfisch

(Abb. S. 78/79)

Für 6 Personen
Zubereitung: 30 Minuten
Backzeit: 35–40 Minuten
Backblech mit Backpapier

1 kg Blätterteig *(siehe Rezept S. 158)*

Fischfüllung
250 g Seezungenfilet
2 mittelgroße Eier
200 ml flüssige Sahne
Salz
2 kleine Zweige Dill
6 kleine Schollenfilets
6 kleine Lachsfilets

Sosse
400 g Crème fraîche
1 Bund Schnittlauch

Teig am Vortag zubereiten *(siehe Rezept S. 158).*
Fischfüllung zubereiten: Seezungenfilets fein gehackt in eine Schale geben, ein Ei hinzufügen. Während des Mixens langsam die flüssige Sahne dazugießen. Salz und abgespülten Dill dazugeben. Kühl stellen. Teig in zwei gleiche Teile teilen. Beide Hälften auf dem mit Mehl bestäubten Pergamentpapier zu einem Rechteck von 2 mm Stärke ausrollen. Mit einem kleinen Messer aus dem ersten Rechteck die Form eines Fisches schneiden, aus dem zweiten Rechteck die gleiche Form, nur etwas größer. Teigränder in den Kühlschrank legen. Erste Teighälfte mit der Fischfüllung bedecken, ringsum einen Mehlrand von 2 cm frei lassen. Schollen- und Lachsfilets auf die Füllung legen. Zweite Teighälfte darüberlegen, Ränder vorsichtig andrücken. Ofen auf 200 °C (Gas Stufe 3–4) vorheizen. Teig mit einem geschlagenen Ei vergolden. Fisch mit den Teigresten garnieren, erneut mit Ei bestreichen. 35–40 Minuten backen. Fisch mit der Sahneschnittlauchsoße sofort servieren.
Für die Sahneschnittlauchsoße: Crème fraîche in einem kleinen Topf einkochen, unmittelbar vor dem Servieren den fein geschnittenen Schnittlauch dazugeben.

Mürbeteigkrone mit Johannisbeeren

(Abb. S. 81)

Für 6 Personen
Zubereitung: 1 Stunde
Backzeit: 20 Minuten
gewelltes Backblech mit Backpapier
Tortenform mit 20 cm Durchmesser und 2 cm Höhe
je 1 gerillte Ausstechform mit 10 cm und 9 cm Länge

550 g Mürbeteig mit Nugat und Haselnüssen
(siehe Rezept S. 159)
500 g abgezupfte Johannisbeeren
300 g Johannisbeergelee
150 g Bitterschokolade

Zum Garnieren
6 Johannisbeerrispen

Mürbeteig am Vortag zubereiten *(siehe Rezept S. 159).*
Backofen auf 180 °C (Gas Stufe 2–3) vorheizen. Auf einer mit Mehl bestäubten Arbeitsfläche 300 g Teig 3 mm dick ausrollen. 20 Rhomben mit der größeren Ausstechform ausschneiden. Aus diesen Rhomben mit der kleineren Ausstechform kleinere Rhomben ausschneiden. Rhombusränder und -inhalt im Abstand von 3 cm voneinander auf das gewellte Backblech legen. Etwa 8 Minuten backen, bis sie goldgelb sind. Auf der mit Mehl bestäubten Arbeitsfläche 250 g Teig 3 mm dick ausrollen. Tortenform damit bedecken, Teig mit einer Gabel einstechen. Etwa 10 Minuten backen, bis der Tortenboden goldgelb ist. In einer Schüssel abgezupfte Johannisbeeren und Johannisbeergelee verrühren. Schokolade schmelzen *(siehe Anleitung S. 159).* Rhombusspitzen in die Schokolade tauchen und die Rhombusränder und -inhalte ringsum auf den Tortenboden kleben. Torte mit Geleejohannisbeeren füllen. Mit Johannisbeerrispen garnieren. Dazu schmeckt Pfeffertee.

Linzer Torte
(Abb. S. 82)

Für 6 Personen
Zubereitung: 40 Minuten
Backzeit: etwa 45 Minuten
Ring mit 20 cm Durchmesser und 2,5 cm Höhe
Backblech
Edelstahlschale mit 20 cm Durchmesser
Pergamentpapier

650 g Linzer Teig *(siehe Rezept S. 158)*
250 g Himbeerkonfitüre
300 g frische Himbeeren

Teig am Vortag zubereiten *(siehe Rezept S. 158)*. Hälfte des Teigs auf einer mit Mehl bestäubten Arbeitsfläche 4 mm dick und mit einem Durchmesser von 24 cm ausrollen. Ring auf ein Backblech stellen und leicht einfetten. Teig sorgfältig hineinlegen, mit den Fingerspitzen am Boden und an den Seiten andrücken. Mit einer Gabel einstechen. Restlichen Teig zu einem 3 mm dicken Quadrat ausrollen, 1 cm breite Streifen schneiden. Außenseite der umgedrehten Edelstahlschale mit Pergamentpapier bedecken. Streifen kreuzweise auf dem Pergamentpapier anordnen. Beide Zubereitungen 15 Minuten kühl ruhen lassen. Backofen auf 180 °C (Gas Stufe 2–3) erhitzen. Himbeerkonfitüre und 150 g frische Himbeeren verrühren, Tortenboden damit bestreichen. Kuppel mit den Teigbändern etwa 15 Minuten backen, Tortenboden etwa 30 Minuten. Kuppel auf der Schale mit Pergamentpapier und Boden im Ring abkühlen lassen. Boden aus dem Ring nehmen, auf ein Gitter legen und mit frischen Himbeeren garnieren. Teigkuppel auf den Tortenboden setzen.

Rhabarbertorte mit Veilchen
(Abb. S. 83)

Für 6 Personen
Zubereitung: 40 Minuten
Backzeit: etwa 35 Minuten
Tortenform mit 20 cm Durchmesser und 3 cm Höhe
Backpapier

500 g Blätterteig *(siehe Rezept S. 158)*
320 g Mandelcreme *(siehe Rezept S. 158)*
300 g Rhabarber in kleine Stücke geschnitten
80 g gezuckerte Veilchen
1 Ei

Zum Garnieren
gezuckerte Veilchen
Pergamentpapier

Blätterteig am Vortag zubereiten *(siehe Rezept S. 158)*. Mandelcreme zubreiten *(siehe Rezept S. 158)*. Mandelcreme in einer Schüssel vorsichtig mit Rhabarberstücken und gezuckerten Veilchen mischen. Auf einer mit Mehl bestäubten Arbeitsfläche 200 g Teig 2 mm dick und mit einem Durchmesser von 20 cm ausrollen. Kühl lagern. Rest des Teigs 2 mm dick und mit einem Durchmesser von 28 cm ausrollen. Tortenform leicht buttern. Teig vorsichtig hineinlegen, mit den Fingern am Boden und an den Seiten andrücken. Mit einer Gabel einstechen. Mit dem Gemisch aus Mandelcreme, Rhabarber und Veilchen bedecken. Teigränder nach innen schlagen. Ränder mit einem in kaltes Wasser getauchten Pinsel anfeuchten. Kleinere Teigscheibe darüberlegen. Teig mit geschlagenem Ei bestreichen. Torte mit der Spitze eines kleinen Messers verzieren und 20 Minuten gekühlt ruhen lassen. Backofen auf 200 °C (Gas Stufe 3–4) vorheizen. Temperatur auf 180 °C (Gas Stufe 2–3) reduzieren, Torte etwa 35 Minuten backen. Torte auf ein Gitter stürzen. In der Mitte der Torte ein kleines Kreuz ausschneiden, aus Pergamentpapier einen kleinen Schornstein formen, Papier in Längsrichtung einschneiden und in das Kreuz stecken. Mit gezuckerten Veilchen garnieren.

Torte mit Aprikosen und Orangen

(Abb. S. 84/85)

Für 6 Personen
Zubereitung: 40 Minuten
Backzeit: etwa 35 Minuten
Kühlzeit: 24 Stunden
Tortenform mit 20 cm Durchmesser und 3 cm Höhe

500 g Blätterteig *(siehe Rezept S. 158)*
320 g Mandelcreme *(siehe Rezept S. 158)*
8 saftig-säuerliche Bergeron-Aprikosen
2 Orangen
1 Ei

Teig am Vortag zubereiten *(siehe Rezept S. 158)*.
Mandelcreme zubereiten *(siehe Rezept S. 158)*.
Aprikosen unter kaltem Wasser spülen, halbieren, entsteinen. Orangen schälen, häuten und filetieren.
Auf einer mit Mehl bestäubten Arbeitsfläche 200 g Teig 2,5 mm dick ausrollen. Kühl lagern.
Restlichen Teig 2 mm dick und mit einem Durchmesser von 28 cm ausrollen. Tortenform einfetten. Teig vorsichtig hineinlegen, mit den Fingerspitzen am Boden und an den Seiten festdrücken, mit einer Gabel einstechen. Mit Mandelcreme, Aprikosenscheiben und Orangenvierteln bedecken. Teigrand mit einem Pinsel mit etwas kaltem Wasser anfeuchten. Mit einem Teigrädchen Streifen und Rhomben aus dem gekühlten Teig schneiden. Torte damit dekorieren. Teig mit etwas geschlagenem Ei bestreichen. Torte 20 Minuten kühl ruhen lassen.
Backofen auf 210 °C (Gas Stufe 4) vorheizen. Temperatur auf 190 °C (Gas Stufe 3) reduzieren und Kuchen in den Ofen schieben. Kuchen anschließend auf einem Gitter abkühlen lassen.

Erdbeeren im Minzebeet mit Schokolade

(Abb. S. 87/88)

Für 6 Personen
Zubereitung: 30 Minuten

35 schöne Minzeblätter
200 g Bitterschokolade
300 g entstielte Erdbeeren
20 g Zucker

30 Minzeblätter unter kaltem Wasser abspülen. Vorsichtig in einem Tuch trocknen. Schokolade schmelzen *(siehe Anleitung S. 159)*. Auf jedes Blatt mit einem Pinsel eine Schicht Schokolade auftragen. Blätter auf einem Teller anrichten und im Kühlschrank fest werden lassen. Erdbeerminzsoße zubereiten. Erdbeeren unter kaltem Wasser abspülen und in kleine Würfel schneiden. Fünf Minzeblätter fein hacken. In einer Schüssel Erdbeeren, Zucker und Minze mischen. Wenn die Schokolade fest ist, Minzeblätter zur Hälfte von der Schokolade abziehen. Erdbeermischung zwischen Blatt und Schokolade geben. Sofort verzehren.

Kristallblätter

(Abb. S. 88/89)

Für 6 Personen
Zubereitung: 40 Minuten
Backzeit: 8 Minuten
gewelltes Backblech mit Backpapier
je 1 ovale, gerillte Ausstechform mit 10 cm und 9 cm Länge
Pergamentpapier

300 g Mürbeteig mit Nugat, Haselnüssen und Kardamom *(siehe Rezept S. 159)*
30 schöne Minzeblätter
1 Eiweiß
50 g grober Kristallzucker
3 Äpfel der Sorte Granny Smith
30 g Zucker
100 g Zitronengelee
250 g Bitterschokolade

Mürbeteigblätter: Mürbeteig am Vortag zubereiten *(siehe Rezept S. 159)*. Backofen auf 180 °C (Gas Stufe 2–3) vorheizen. Auf der mit Mehl bestäubten Arbeitsfläche den Teig 3 mm dick ausrollen. Mit der größeren Ausstechform Blätter ausschneiden. Aus diesen Blättern mit der kleineren Ausstechform kleinere Blätter ausschneiden. Blätterränder und -inhalt im Abstand von 3 cm voneinander auf das Backblech legen. Etwa 8 Minuten backen, bis die Blätter goldgelb sind.
Apfelsoße: Äpfel schälen, halbieren, entkernen. Äpfel in kleine Würfel schneiden und in einer Schüssel mit dem Zucker und dem Zitronengelee verrühren.
Minzeblätter: 30 Minzeblätter unter kaltem Wasser abspülen, vorsichtig in einem Tuch trocknen. Jedes Blatt mit etwas Eiweiß bestreichen. Mit grobem Kristallzucker bestreuen und beiseite stellen.
Fertigstellung der Kekse: Schokolade schmelzen *(siehe Anleitung S. 159)*. Teigblätter zur Hälfte in die Schokolade tauchen. Auf Pergamentpapier legen und die Schokolade fest werden lassen. 1 Minzeblatt in jedes Teigblatt legen. Die Apfelsoße dazu reichen. Kristallblätter sofort genießen.

Gemüseschachbrett

(*Abb. S. 95*)

Für 6 Personen
Zubereitung: 45 Minuten
Kochzeit: 40 Minuten

6 weiße Rüben
6 rote Beete
4 Möhren
3 Zucchini
10 g Butter
Salz, frisch gemahlener Pfeffer

Gemüse unter kaltem Wasser abspülen und putzen. Weiße und rote Rüben in 5 mm dicke Scheiben schneiden. Möhren und Zucchini in 5 mm dicke Streifen schneiden. Wasser in einem Topf zum Kochen bringen, Butter dazugeben, salzen und pfeffern. Zunächst die weißen Rüben ein paar Minuten blanchieren, sie müssen bissfest bleiben. Mit einem Schaumlöffel herausnehmen und mit kaltem Wasser abschrecken. Ebenso mit den Zucchini, danach den Möhren und der roten Beete verfahren. Mit einem Messer Quadrate aus dem Gemüse schneiden und auf einem Teller zu einem Schachbrett anordnen. Mit Figuren garnieren, die aus weißen Rüben und roter Beete geschnitzt sind. Mit einer Kräutervinaigrette servieren.

Aschekartoffeln aus dem Kamin

(*Abb. S. 97*)

Für 6 Personen
Zubereitung: 10 Minuten
Garzeit: 1 Stunde

12 Kartoffeln
400 g Morbier (ein würziger Schnittkäse)

Kartoffeln unter kaltem Wasser abspülen und bürsten. In die heiße Asche im Kamin legen und etwa 45 Minuten garen. Kartoffeln aus der Asche nehmen, leicht abreiben, auf einen Teller legen, halbieren und mit Morbierscheiben belegen. Teller in den Kamin stellen, Käse leicht schmelzen lassen. Sofort servieren.

Schachbrett aus schwarzer Johannisbeere und Veilchen

(*Abb. S. 99*)

Für 8 Personen
Zubereitung: 45 Minuten
Kühlzeit: 12 Stunden
2 quadratische Gratinformen à 20 cm Seitenlänge und 3 cm Höhe

Johannisbeergelee
40 g Gelatineblätter
400 ml Johannisbeermark
400 ml Mineralwasser
200 g Zucker

Veilchengelee
30 g Gelatineblätter
800 ml Mineralwasser
200 g Zucker
6 Tropfen Veilchenessenz

Gelatineblätter in einer großen Schüssel mit kaltem Wasser einweichen.
Johannisbeermark, Mineralwasser und Zucker in einer anderen Schale vermischen. Gelatineblätter abtropfen lassen und im Wasserbad schmelzen. In die geschmolzene Gelatine ein Viertel der gezuckerten Johannisbeerflüssigkeit geben. Erneut anwärmen, die lauwarme Flüssigkeit in die restliche Johannisbeerflüssigkeit gießen. Mit einem Schneebesen verrühren und in eine Gratinform gießen. Auf die gleiche Weise das Veilchengelee herstellen. Veilchenessenz im letzten Moment dazugeben und in die zweite Gratinform gießen. Beide Gelees eine Nacht im Kühlschrank fest werden lassen. Am nächsten Tag Gelees mit einem kleinen Messer in Quadrate mit 4 cm Seitenlänge schneiden. Wie ein Schachbrett auf einer Platte anordnen.

Körniges Rosensorbet
(Abb. S. 99)

Für 6 Personen
Zubereitung: 10 Minuten
6 Gläser

40 ml Wasser
100 g Zucker
450 ml Gewürztraminer
50 ml Rosenwasser

Am Vortag Wasser und Zucker in einen kleinen Edelstahltopf geben. Kurz aufkochen und abkühlen lassen. Wein und Rosenwasser dazugeben. Flüssigkeit in eine Gratinform gießen und in den Gefrierschrank stellen. Fest werden lassen, ab und zu mit dem Schneebesen umrühren. Beim Erkalten bildet die Flüssigkeit Kristalle. Am nächsten Tag 6 Gläser in den Gefrierschrank stellen. Gratinform einige Minuten vor dem Servieren aus dem Gefrierschrank nehmen, Eiskristalle mit einem Löffel abkratzen, Rosensorbetplättchen auf die gekühlten Gläser verteilen, sofort servieren.

Himbeer-Veilchen-Tropfen
(Abb. S. 100)

Für 6 Gläser à 200 g
Zubereitung: 10 Minuten
Kochzeit: 20 Minuten

Konfitüre
1,2 kg frische Himbeeren
800 g grober Kristallzucker
Saft von 1 kleinen Zitrone
3 Tropfen Veilchenessenz

1 Brioche von 300 g
200 g Crème fraîche

Himbeeren durch die Gemüsemühle (oder ein Sieb) passieren. Himbeerfruchtfleisch in einem Konfitürekochtopf mit Zucker und Zitronensaft vermischen. Zum Kochen bringen, dabei vorsichtig umrühren. 10 Minuten bei starker Hitze kochen lassen, ständig umrühren. Sorgfältig Schaum abschöpfen. Veilchenessenz dazugeben, in Konfitüregläser füllen und diese verschließen.
Die Brioche in 1 cm dicke Scheiben schneiden. Aus jeder Scheibe tropfenförmige Stücke ausschneiden, leicht toasten. Tropfen mit etwas Crème fraîche und Konfitüre bestreichen.

Zucchiniblüten im Spitzenmantel
(Abb. S. 101)

Für 6 Personen
Zubereitung: 30 Minuten
Backzeit: 20 Minuten
Teigspritze mit einfacher Tülle

12 Zucchiniblüten
1,5 l Erdnussöl
300 g Weizenmehl
200 ml Milch
100 ml Sahne
50 g Zucker
Meersalz
50 ml Bier
2 mittelgroße Eier

Zum Garnieren
50 g mit Zimt aromatisierter Zucker
Meersalz

Frisch gepflückte Zucchiniblüten auswählen, Blütenblätter auseinander ziehen, um die Blüte zu öffnen. Öl in einem Topf auf 180 °C erhitzen. Krapfenteig zubereiten: Dazu Mehl in eine Schüssel sieben, Milch, Sahne, Zucker, Salz, Bier und Eier dazugeben. Mit einem Schneebesen zu einem glatten Teig verrühren. Zucchiniblüten in den Teig tauchen und unter leichtem Schütteln (damit die Blütenblätter geöffnet bleiben) ins Öl legen. Wenn sie auf beiden Seiten goldbraun sind, mit einem Schaumlöffel herausnehmen und auf Küchenpapier legen. Mit etwas Meersalz und Zucker-Zimt-Mischung bestreuen. Mit einer Teigspritze Krapfenspitzen im heißen Öl formen, goldgelb bräunen, mit einem Schaumlöffel herausnehmen und auf Küchenpapier legen. Zucchiniblüten und Krapfenspitzen sofort servieren.

Fruchtblumen in Gelee
(Abb. S. 103)

Für 6 Personen
Zubereitung: 30 Minuten
Kühlzeit: 12 Stunden
runde Glasschale mit 20 cm Durchmesser und 3 cm Höhe
4 Glasschüsseln mit 12 cm Durchmesser

3 Zweige Zitroneneisenkraut
800 ml Mineralwasser
200 ml Zitronensaft
300 g Zucker
25 g Gelatineblätter
100 g entstielte Erdbeeren
100 g frische Himbeeren
100 g Blaubeeren

Zitroneneisenkraut am Vortag unter kaltem Wasser abspülen. Mineralwasser, Zitronensaft und Zucker in einem Edelstahltopf zum Kochen bringen. Eisenkrautblätter dazugeben, zudecken, 10 Minuten ziehen lassen. Aromatisierten Sirup abkühlen lassen. Gelatineblätter in einer großen Schale mit kaltem Wasser einweichen. Gelatineblätter abtropfen lassen, in den lauwarmen Sirup (40 °C) geben. Mit einem Schneebesen verrühren. Früchte unter kaltem Wasser abspülen, Erdbeeren vierteln, beiseite stellen. Etwas Sirup mit Gelatine in die Schale und die Schüsseln gießen. Im Kühlschrank fest werden lassen. Mit Erdbeeren, Himbeeren und Blaubeeren garnieren und erneut mit Sirup bedecken. Eine Nacht im Kühlschrank fest werden lassen. Am nächsten Tag Schälchen kurz in ein warmes Wasserbad stellen, stürzen und die Blütenkissen gut gekühlt servieren.

Toffees mit Pfeffer und geröstetem Sesam

(Abb. S. 104)

Für 6 Personen
Zubereitung: 10 Minuten
Kochzeit: 10 Minuten
quadratische Gratinform mit einer Seitenlänge von 15 cm und einer Höhe von 3 cm
Zellophanpapier

100 ml Vollmilch
500 g Zucker
100 g salzige Butter
100 ml Wasser
1 TL frisch geriebener Ingwer
frisch gemahlener Pfeffer
15 g gerösteter Sesam

Milch in einem kleinen Edelstahltopf erhitzen. Zucker, Butter, Wasser und Ingwer in einem anderen Topf zum Kochen bringen, mit einem Kochlöffel umrühren. Pfeffern. Der Karamell wird zunächst schaumig und cremefarben. Unter ständigem Rühren weiter kochen, bis er braun wird. Karamell vom Feuer nehmen, noch einen Moment weiterrühren. Warme Milch dazugießen, verrühren und weiter aufkochen. Zubereitung in die eingeölte Gratinform gießen, mit geröstetem Sesam bestreuen. Bei Raumtemperatur abkühlen lassen. Toffees aus der Form nehmen, mit einem leicht eingeölten Messer zerschneiden und in Zellophanpapier wickeln. Sehr trocken lagern.

Flügel aus Karamell und Meersalz

(Abb. S. 105)

Für 6 Personen
Zubereitung: 10 Minuten
Kochzeit: 10 Minuten
Backblech mit leicht eingeöltem Backpapier

500 g Zucker
250 g Butter
50 ml Wasser
Meersalz

Zucker, Butter und Wasser in einem Edelstahltopf erhitzen, unter ständigem Rühren zum Kochen bringen. Der Karamell wird zunächst schaumig und cremefarben. Unter ständigem Rühren weiter kochen, bis er braun wird. Vom Feuer nehmen, noch einen Moment weiterrühren. Auf das Blech mit dem leicht eingeölten Backpapier 15 cm lange Karamellstreifen gießen. Der Karamell breitet sich aus und bildet kleine feine Flügel. Mit Meersalz bestreuen. Die feinen knackigen Toffees in einer Metalldose trocken aufbewahren.

Geflügelpastete mit Kräutern

(Abb. S. 106)

Für 6 Personen
Zubereitung: 40 Minuten
Backzeit: 1,5 Stunden
Kühlzeit: 24 Stunden
1 quadratische feuerfeste Schale mit 10 cm Seitenlänge und 10 cm Höhe
Backblech mit Backpapier

500 g Blätterteig *(siehe Rezept S. 158)*
800 g Hühnerbrustfilets
200 g feine Füllung (beim Fleischer kaufen)
50 ml Riesling
1 geh. TL Meersalz
1 gestr. TL frisch gemahlener Pfeffer
50 g Pinienkerne
30 Estragonblätter
5 kleine Salbeiblätter
10 Rosmarinzweige
1 Ei

Teig am Vortag zubereiten *(siehe Rezept S. 158)*. Backofen auf 180 °C (Gas Stufe 2–3) vorheizen. Hühnerfleisch in kleine Würfel schneiden.
In einer Schale Fleisch, Füllung, Wein, Salz, Pfeffer, Pinienkerne und Kräuter mischen. Zubereitung in die feuerfeste Schale geben, mit den Fingern andrücken und 50 Minuten backen. Bei Raumtemperatur abkühlen lassen und in den Kühlschrank stellen.
Teig auf einer mit Mehl bestäubten Arbeitsfläche zu einem 2,5 mm dicken, 32 cm langen und 20 cm breiten Rechteck ausrollen. Rechteck in zwei 32 cm lange und 10 cm breite Streifen teilen. Am nächsten Tag Geflügelterrine stürzen. Fleischwürfel in die Mitte des ersten Teigbands legen und den Rest des Teigbands von links und rechts über das Fleisch legen. Den Rest des Fleisches mit dem zweiten Teigband ummanteln. Auf ein Backblech mit Backpapier legen. Teig mit geschlagenem Ei bestreichen. In die Mitte des Teigs eine kleine Öffnung schneiden. Eine halbe Stunde im Kühlschrank ruhen lassen.
Backofen auf 210 °C (Gas Stufe 4) vorheizen. Temperatur auf 180 °C (Gas Stufe 2–3) reduzieren. Etwa 40 Minuten backen. Geflügelpastete mit Kräutern sofort mit einem knackigen Salat servieren.

Brioches mit Olivenöl

(Abb. S. 108)

Für 8 Brioches à 50 g
Zubereitung: 30 Minuten
Ruhezeit: 2,5 Stunden
Backzeit: 15 Minuten
Backblech mit Backpapier
Frischhaltefolie

200 g gesiebtes Weizenmehl
10 g Hefe
40 ml Wasser
30 ml Olivenöl
1 geh. TL Zucker
1 geh. TL Salz
frisch gemahlener Pfeffer
1 großes Ei
50 g Butter
25 g geröstete Sesamkerne
25 g Korinthen

Zum Garnieren
1 kleines Ei
ein paar Pfefferkörner
ein paar Sesamsamen

100 g Mehl in die Mixerschüssel geben, Hefe, Wasser und Olivenöl dazugeben. Mit dem Schneebesen vermengen. Vorteig in Frischhaltefolie 15 Minuten bei Raumtemperatur (etwa 22 °C) ruhen lassen. Restliches Mehl, Zucker, Salz, Pfeffer und Ei dazugeben. Mit dem Rührhaken 5 Minuten kräftig kneten. Der Teig ist fertig, wenn er weich ist und sich vom Schüsselboden löst. Butter dazugeben und weiter schlagen, bis sich der Teig erneut löst. Den weichen, glänzenden Teig teilen und gerösteten Sesam in die eine, Korinthen in die andere Hälfte mischen. Zwei Teigkugeln formen. Jede Kugel in eine große Schüssel geben und mit einem Tuch zudecken. Eine Stunde bei Raumtemperatur gehen lassen.Wenn der Teig sein Volumen fast verdoppelt hat, Kugeln ein paar Minuten zwischen den Händen rollen. Weitere 30 Minuten gehen lassen. Jede Teigkugel in vier Stücke von etwa 50 g schneiden. Runde Brioches formen und auf ein Backblech mit Pergamentpapier legen. Mit einem Tuch zudecken und weitere 45 Minuten ruhen lassen.
Ofen auf 210 °C (Gas Stufe 4) vorheizen. Kugeln mit geschlagenem Ei bestreichen. Mit Pfefferkörnern und Sesamsamen garnieren. Temperatur auf 190 °C (Gas Stufe 3) reduzieren. Brioches etwa 15 Minuten backen, bis sie goldbraun sind. Auf einem Gitter abkühlen lassen.

Lebkuchenritter mit Schokoladenrüstung

(Abb. S. 110)

Zubereitung: 1 Stunde
Backzeit: 10 Minuten
Ruhezeit: 1 Woche
Backblech mit Backpapier
Pergamentpapier
Frischhaltefolie
Karton

250 g Kiefernhonig
250 g Weizenmehl
1 gestr. TL Ammoniumbikarbonat (aus der Apotheke)
1 gestr. TL Pottasche (aus der Apotheke)
3 Messerspitzen fein abgeriebene Schale von
1 unbehandelten Orange
1 Messerspitze gemahlener Zimt
1 Messerspitze gemahlener Kardamom
1 Messerspitze gemahlene Nelken
Eigelb von 1 mittelgroßen Ei
200 g geschmolzene Bitterschokolade
(siehe Anleitung S. 159)

Zum Dekorieren
2 TL Kakaopulver

Honig in einem Topf anwärmen. Mehl in eine Schüssel sieben. Honig hineingießen und verrühren. Teig mit Frischhaltefolie zudecken und bei Raumtemperatur eine Woche lagern.
Nach einer Woche Ammoniumbikarbonat und Pottasche getrennt mit einem Teelöffel Wasser anrühren. Honigteig in kleine Stücke schneiden. In einer Schüssel mit Orangenschale, Gewürzen, Ammoniumbikarbonat, Pottasche und Eigelb mit einem Rührstab verquirlen, bis alle Zutaten gut vermengt sind. Backofen auf 170 °C (Gas Stufe 2) vorheizen. Teig auf einer mit Mehl bestäubten Arbeitsfläche 3 mm dick ausrollen. Mit Kartonvorlagen und einem kleinen Messer Körper der Soldaten und Rüstung ausschneiden. Auf das mit Backpapier ausgelegte Backblech in einem Abstand von 3 cm voneinander anordnen. Etwa 10 Minuten backen, bis der Teig aufgegangen und goldgelb gebräunt ist. Auf einem Gitter abkühlen lassen. Schokolade schmelzen *(siehe Anleitung S. 159)*. Auf einem Blatt Pergamentpapier 100 g Schokolade mit einem Palettenmesser 2 mm dick verstreichen. Bei Raumtemperatur fest werden lassen. Mit einem kleinen Messer Rüstung und Waffen ausschneiden. Zwillingskrieger ankleiden, Schokoladenzubehör mit geschmolzener Schokolade auf den Lebkuchen aufkleben. Mit etwas Kakaopulver bestäuben.

Süss-saure Tomaten mit Porree und Pfeffer

(Abb. S. 116)

Für 5 Gläser à 200 g
Zubereitung: 30 Minuten
Kochzeit: 10 Minuten

150 ml Weißweinessig
150 ml Wasser
150 g grober Kristallzucker
5 zerstoßene Pfefferkörner
20 mittelgroße Tomaten
2 Stangen Porree

Süß-saure Flüssigkeit zubereiten: Essig, Wasser, Zucker und Pfeffer in einem kleinen Edelstahltopf verrühren, kurz aufkochen und beiseite stellen. Tomaten ein paar Minuten in einen Topf mit kochendem Wasser legen. Haut abziehen, vierteln und entkernen. Porree unter kaltem Wasser abspülen und in Scheiben schneiden. Porree 3 Minuten in einem Topf mit kochendem Wasser blanchieren. Tomatenviertel auf die Gläser aufteilen, Porreescheiben daruntermischen. Süß-saure Flüssigkeit erneut zum Köcheln bringen und Gläser bis zum Rand auffüllen. Gläser schließen und bis zum nächsten Tag kopfüber stellen. Gläser im Kühlschrank aufbewahren.

Austern mit Sahnesosse

(Abb. S. 117)

Für 6 Personen
Zubereitung: 15 Minuten

2 Tomaten
weiße Hälfte von 1 Porreestange
36 mittelgroße Austern
250 ml flüssige Sahne
10 ml Honigessig
Meersalz

Tomaten ein paar Minuten in einen Topf mit kochendem Wasser legen. Tomaten häuten, vierteln und entkernen. Das Tomatenfleisch in kleine Würfel schneiden. Porree unter kaltem Wasser spülen und in ganz feine Scheiben schneiden. Austern öffnen. Sahne und Essig in einer Schale verrühren. Jede Auster mit einem Löffel Essigsahne, ein paar Tomatenwürfeln, Porreescheiben und etwas Meersalz garnieren.

Brombeer- und Himbeer-Kompott mit Sternanis

(Abb. S. 118/119)

Für 6 Personen
Zubereitung: 5 Minuten
Kochzeit: 10 Minuten

450 g frische Himbeeren
450 g frische Brombeeren
200 g Zucker
Saft von 1 kleinen Zitrone
8 Anissterne

Zum Dekorieren
100 g frische Himbeeren
Schlagsahne
Sandplätzchen

Himbeeren und Brombeeren unter kaltem Wasser abspülen. In einem Topf mit dickem Boden Brombeeren, Himbeeren, Zucker, Zitronensaft und Anissterne mischen. Aufkochen lassen, dabei vorsichtig umrühren.
In eine Schüssel gießen und abkühlen lassen. Zudecken und in den Kühlschrank stellen.
Vor dem Servieren den Sternanis herausnehmen. Mit frischen Himbeeren garnieren. Dessert mit einem Löffel Schlagsahne und ein paar Sandplätzchen reichen.

Maronenknäuel

(Abb. S. 123)

Für 6 Personen
Zubereitung: 40 Minuten
Backzeit: 1,5 Stunden
Backblech mit Backpapier
Teigspritze mit einfacher Tülle

Baisers
Eiweiß von 4 mittelgroßen Eiern
160 g Zucker
80 g grober Kristallzucker

Creme
30 ml flüssige Schlagsahne
400 g Maronencreme
100 g Butter mit Raumtemperatur

Baisers zubereiten: Eiweiß und Zucker mit dem Mixer zu einem festen Schaum schlagen. Kristallzucker vorsichtig mit dem Rührlöffel untermischen. Backofen auf 100 °C vorheizen. Mit einer Teigspritze mit einfacher Tülle 24 Baiserkugeln (à 5 cm Durchmesser) formen. Etwa 1,5 Stunden backen. Die Baisers trocknen und werden hart. Darauf achten, dass sie nicht braun werden. Zwei verschiedene Maronencremes zubereiten: Schlagsahne und 100 g Maronencreme mit dem Mixer zu einer Maronensahne schlagen. Kalt stellen. Butter cremig rühren, 300 g Maronencreme dazugeben und vorsichtig rühren. Kalt stellen. Maronensahne mit der Teigspritze auf die flache Seite von sechs Baisers spritzen, jeweils mit einem anderen Baiser zusammenkleben und mit Maronensahne linienförmig rundherum bespritzen, sodass sie wie Wollknäuel aussehen. Auf die gleiche Weise mit der anderen Maronencreme sechs weitere Knäuel fertigen. Gebäck bis zum Verzehr im Kühlschrank aufbewahren.

Torte aus frischem Schafskäse

(Abb. S. 125)

Für 6 Personen
Zubereitung: 40 Minuten
Ruhezeit: 20 Minuten
Backzeit: etwa 60 Minuten
Kühlzeit: 24 Stunden
Tortenform mit 20 cm Durchmesser und 4 cm Höhe

350 g Mürbeteig mit Nugat und Haselnüssen
(siehe Rezept S. 159)
800 g frischer Schafskäse
Eigelb von 3 mittelgroßen Eiern
50 g Weizenmehl
50 g Zucker

30 g geschmolzene Butter
1 TL Salz
frisch gemahlener Pfeffer
Eiweiß von 3 mittelgroßen Eiern

Zum Dekorieren
etwas Puderzucker

Am Vortag Mürbeteig mit Nugat und Haselnüssen zubereiten *(siehe Rezept S. 159)*. Teig auf der mit Mehl bestäubten Arbeitsfläche 2,5 mm dick und mit einem Durchmesser von 28 cm ausrollen. Tortenform einfetten, Teig vorsichtig hineinlegen, mit den Fingerspitzen an Boden und Seiten festdrücken, mit einer Gabel einstechen. 20 Minuten kühl lagern. Backofen auf 180 °C (Gas Stufe 2–3) vorheizen. Für die Füllung Schafskäse, Eigelb, Mehl, 30 g Zucker, geschmolzene Butter, Salz und Pfeffer vorsichtig verrühren. Eiweiß und 20 g Zucker mit dem Mixer zu festem Schaum schlagen, vorsichtig unter die Käsemischung heben. In die Tortenform geben, etwa 1 Stunde backen. Die Torte geht auf und wird goldgelb. Torte auf ein Gitter stürzen. Nach 24 Stunden die süß-salzige Torte mit etwas Puderzucker verzieren und auf einem Tortenteller servieren.

Süss-sauer eingelegtes Gemüse

(Abb. S. 127)

Für etwa 10 Gläser à 200 g
Zubereitung: 40 Minuten
Kochzeit: etwa 40 Minuten

1 l Salzwasser
200 g in kleine Würfel geschnittene Möhren
200 g kleine Champignons
200 g in Würfel geschnittener Stangensellerie
100 g in kleine Stücke geschnittene Paprikaschote
200 g in kleine Würfel geschnittener Kohlrabi
150 g kleine geschälte Zwiebeln
150 g kleine geschälte Schalotten
400 ml Weißweinessig
300 ml Wasser
200 g grober Kristallzucker
200 g Lindenblütenhonig
4 klein gehackte Knoblauchzehen
50 schwarze Pfefferkörner
50 Korianderkörner
10 Lorbeerblätter

Gemüsewürfel vorbereiten: Das Salzwasser zum Kochen bringen, Möhrenwürfel kurz blanchieren. Mit einem Schaumlöffel herausnehmen und mit kaltem Wasser abschrecken. Auf die gleiche Weise mit jedem Gemüse einzeln verfahren. Süß-saure Kochflüssigkeit zubereiten: Essig, Wasser, Zucker, Honig, Knoblauchzehen, Pfeffer- und Korianderkörner in einem Edelstahltopf zum Kochen bringen. Blanchiertes Gemüse in diese kochende Flüssigkeit geben, aufkochen lassen. Gemüse mit einem Schaumlöffel herausnehmen und mit den Pfeffer- und Kardamomkörnern auf die Gläser aufteilen. Ein Lorbeerblatt in jedes Glas legen. Süß-saure Flüssigkeit erneut aufkochen, abschäumen und in die Gläser gießen. Die Flüssigkeit muss das Gemüse bedecken. Gläser verschließen und bis zum nächsten Tag auf den Kopf stellen. Das süß-saure Gemüse isst man zu kaltem Fleisch und Wurst.

Schnee-Eier und Zimtkaramell

(Abb. S. 128/129)

Für 6 Personen
Zubereitung: 20 Minuten
Kochzeit: 30 Minuten

Zimtkaramell
150 ml Vollmilch
150 ml flüssige Sahne
1 gestr. TL gemahlener Zimt
300 g Zucker
50 g Butter
50 ml Wasser
Schnee-Eier
1 l Vollmilch
Eiweiß von 6 mittelgroßen Eiern
100 g Zucker
1 Prise Salz
1 Messerspitze gemahlener schwarzer Pfeffer

Zimtkaramell zubereiten: Milch, Sahne und Zimt in einem Topf erhitzen. Zucker, Butter und Wasser in einem anderen Topf unter Rühren zum Kochen bringen.
Der Karamell wird zunächst schaumig und cremefarben. Kochen lassen und ständig rühren, bis er braun wird. Vom Feuer nehmen, noch einen Moment weiterrühren. Die aromatisierte Milch-Sahne dazugeben. Verrühren und erneut zum Kochen bringen. Zimtkaramell in sechs Schälchen gießen.
Die Schnee-Eier zubereiten: Milch in einen großen Topf gießen und zum Kochen bringen. Eiweiß, Zucker, Salz und Pfeffer in einer Schüssel steif schlagen. Mit einem Esslöffel Eiweißkugeln formen und vorsichtig auf die köchelnde Milch geben. Von jeder Seite eine Minute pochieren, vorsichtig mit dem Schaumlöffel herausnehmen und in den Schälchen mit dem Zimtkaramell anrichten.

Cheddarsoufflee mit Curry

(Abb. S. 130)

Für 8 Personen
Zubereitung: 30 Minuten
Backzeit: 35 Minuten
2 Souffleeformen à 20 cm Durchmesser, leicht gebuttert und mit Mehl bestäubt

600 ml Vollmilch
60 g Butter
60 g Weizenmehl
1 TL Curry
Salz, frisch gemahlener Pfeffer
3 reife Williamsbirnen
Eiweiß von 6 mittelgroßen Eiern
200 g geriebener Cheddar
Eigelb von 6 mittelgroßen Eiern

Backofen auf 210 °C (Gas Stufe 4) vorheizen. Milch in einem kleinen Topf erhitzen. Butter in einem anderen Topf schmelzen lassen. Mehl in die Butter geben und unter ständigem Rühren mit einem Schneebesen zum Kochen bringen. Milch auf diese Mehlschwitze gießen und unter weiterem Rühren zum Kochen bringen, ohne dass Klumpen entstehen. Curry dazugeben, salzen und pfeffern. Béchamelsoße in eine Schale gießen und abkühlen lassen. Birnen schälen, halbieren, entkernen und in ganz kleine Würfel schneiden. In einer Rührschüssel Eiweiß mit einer Prise Salz steif schlagen.

Birnen, Cheddar und Eigelbe in die Béchamelsoße geben und verrühren. Eiweiß vorsichtig mit einem Rührlöffel unterheben. Die Masse in die Souffleeformen gießen. Temperatur des Ofens auf 190 °C (Gas Stufe 3) reduzieren. Etwa 35 Minuten backen lassen.

Soufflee geht auf und wird goldbraun. Sofort servieren.

Orangenomelettes mit Whisky

(Abb. S. 133)

Für 6 Omelettes
Zubereitung: 10 Minuten
Backzeit: 20 Minuten
Antihaftpfanne

3 Orangen
6 mittelgroße Eier
50 g Weizenmehl
80 ml flüssige Sahne
fein abgeriebene Schale von 1 unbehandelten Zitrone
70 ml Whisky
30 g Butter
30 g Puderzucker

Orangen schälen, häuten, filetieren und beiseite legen. Eier in einer großen Schale schlagen, beiseite stellen. Mehl in eine Schüssel sieben. Sahne, abgeriebene Zitronenschale und 20 ml Whisky dazugeben, mit einem Schneebesen verquirlen. Geschlagene Eier zu dieser Mischung geben.

5 g Butter in der Pfanne schmelzen und das erste Omelette backen. Teigmasse stocken lassen. Pfanne vom Herd nehmen, Mitte des Omelettes mit Orangen belegen. Omelette falten, noch einen Moment weiterbacken. Omelette auf einen Teller legen.

Ebenso die anderen 5 Omelettes backen. 50 ml Whisky in einem kleinen Topf bei schwacher Hitze erwärmen. Omelettes großzügig mit Puderzucker bestreuen. Mit lauwarmem Whisky begießen und flambieren.

Plumpudding

(Abb. S. 137)

Für 8 Personen
Zubereitung: 1 Stunde
Garzeit: 5 Stunden
Backform mit 20 cm Durchmesser und 8 cm Höhe
Teigspritze mit Rosettentülle

250 g Rindernierenfett
100 g entkernte Malaga-Rosinen
100 g Smyrna-Rosinen
100 g Korinthen
75 g Zitronat
50 g kandierte Orangenscheiben
125 g Weizenmehl
75 g weißer Rohrzucker
125 g Semmelbrösel
1 geh. TL fein gemahlene Kräutermischung
(Zimt, Nelke, Muskat, Ingwer)
1 TL Salz
fein abgeriebene Schale von 1 unbehandelten Zitrone
2 mittelgroße Eier
100 ml Milch
50 ml Rum

Zum Garnieren
200 g Apfelgelee
150 g Ganache *(siehe Rezept S. 158)*

Rindernierenfett in kleine Stücke zerteilen. Fett, Rosinen und Korinthen mit dem Mixer verrühren. Zitronat, kandierte Orangenscheiben, Mehl, Rohrzucker, Semmelbrösel, Kräuter, Salz und Zitronenschale dazugeben. Zuletzt Eier, Milch und Rum hinzufügen. Kuchenform einfetten, mit dem Plumpudding füllen. Form in ein Tuch hüllen und in einen Topf mit kochendem Wasser stellen. Bei kleiner Hitze 5 Stunden garen.
Die Form muss ständig bis zum Rand in Wasser stehen. Form aus dem Wasser nehmen. Tuch abnehmen und Plumpudding auf einen Kuchenteller stürzen. Apfelgelee schmelzen lassen, Pudding damit glasieren.
Pudding mit einer Teigspritze mit Rosettentülle mit kleinen Ganacherosetten verzieren. Plumpudding mit Vanillecreme, Rumsabaione oder Cognacbutter genießen.

Eierkuchenturm mit Rosenpralinen

(Abb. S. 139)

Für 6 Personen
Zubereitung: 20 Minuten
Backzeit: 40 Minuten
Eierkuchenpfanner mit 15 cm Durchmesser
halbrunde, kuppelförmige Form
Aluminiumfolie
Holzspießchen

Zum Dekorieren
30 g Puderzucker

Minzganache
150 g weiße Schokolade
150 g flüssige Sahne
20 Minzeblätter

Eierkuchen
4 mittelgroße Eier
120 g Weizenmehl
500 ml Vollmilch
30 g zerkleinerte Rosenpralinen
30 g geschmolzene Butter
1 Prise Salz
ein paar Tropfen
Orangenblütenessenz
20 ml Erdnussöl

Minzganache zubereiten: Schokolade fein in eine Schüssel reiben. Sahne in einem Topf zum Kochen bringen, Minze dazugeben, zudecken und 10 Minuten ziehen lassen. Sahne filtern und über die geriebene Schokolade gießen, vorsichtig mit einem Schneebesen verrühren. Beiseite stellen.
Eierkuchen zubereiten: Eier in einer großen Schüssel schlagen, beiseite stellen. Mehl in eine Schüssel sieben, Milch, zerkleinerte Rosenpralinen, Butter, Salz und Orangenblütenessenz dazugeben. Mit einem Schneebesen mischen. Geschlagene Eier unterheben, vorsichtig verrühren. Ein paar Tropfen Öl in die Pfanne geben und etwas Teig dazugießen. Eierkuchen bei starker Hitze backen, wenden und weitere 2–3 Minuten backen. Eierkuchen auf einen Teller legen. Zudecken und warm halten. Aus dem restlichen Teig weitere Eierkuchen backen.
Die halbrunde Form von außen mit Aluminiumfolie bedecken. Eierkuchen gegeneinander versetzt auf dieser Kuppel auftürmen und mit Holzspießchen befestigen. Eierkuchen mit Puderzucker bestreuen. Dazu Rosenpralinen und Minzganache reichen. Lecker!

Süssholzspeere

(Abb. S. 142)

Für 6 Lutscher
Zubereitung: 10 Minuten
Kochzeit: 20 Minuten

6 dreieckige, leicht eingeölte Formen aus Metall,
12 cm lang und 5 cm breit
6 Holzstiele
Zuckerthermometer

120 ml Wasser
400 g grober Kristallzucker
10 g geraspeltes Süßholz
5 Tropfen Zitronensaft

In einem Edelstahltopf mit dickem Boden Wasser, Zucker, Süßholz und Zitronensaft verrühren, zum Kochen bringen und abschäumen. Innenwände des Topfes regelmäßig mit einem Pinsel und etwas Wasser reinigen. Zuckerthermometer in den Sirup stecken. Bei einer Temperatur von 150 °C ist die Mischung klar.
Topf vom Feuer nehmen und den gekochten Zucker in die dreieckigen Formen gießen. Ein kleines Loch in die Formen bohren. Einen Holzstiel in jedes Loch stecken. Die Speere härten langsam und haben dann die Konsistenz von Bonbons. Lutscher vorsichtig aus den Formen nehmen, sie zerbrechen wie Glas. Süßholzspeere an einem sehr trockenen Ort aufbewahren.

Mandeltaler mit getrockneten Früchten

(Abb. S. 145)

Für 6 Personen
Zubereitung: 40 Minuten
Backzeit: etwa 15 Minuten
12 Törtchenformen mit 10 cm Durchmesser und 2 cm Höhe
runde, gerillte Ausstechform mit 14 cm Durchmesser

300 g Mürbeteig mit Nugat und Haselnüssen *(siehe Rezept S. 159)*
400 g Mandelcreme *(siehe Rezept S. 158)*
100 g Crème fraîche
fein abgeriebene Schale von 1 unbehandelten Orange
fein abgeriebene Schale von 1 unbehandelten Zitrone
24 geschälte Mandeln
24 geröstete Haselnüsse
20 g Pinienkerne
20 g Pistazien
10 g Sesam
10 g Mohn
Meersalz

Am Vortag Mürbeteig zubereiten *(siehe Rezept S. 159)*. Teig auf der mit Mehl bestäubten Arbeitsfläche 2 mm dick ausrollen. Mit der Ausstechform 12 Teigscheiben ausschneiden. Backformen einfetten, Teig sorgfältig hineinlegen, leicht andrücken. Mit einer Gabel einstechen. Kühl lagern.
Backofen auf 180 °C (Gas Stufe 2–3) vorheizen. Dann die Mandelcreme zubereiten *(siehe Rezept S. 158)*.
In einer Schale Mandelcreme, Crème fraîche und abgeriebene Orangen- und Zitronenschale verrühren. Backformen zu ¾ mit dieser Mischung füllen. Mandeln, Haselnüsse, Pinienkerne, Pistazien, Sesam und Mohn auf der Mandelcreme verteilen. Mit etwas Meersalz bestreuen. Etwa 15 Minuten backen. Die Törtchen gehen auf und färben sich goldbraun. Mandeltaler auf ein Gitter stürzen und abkühlen lassen.

Die Krone der Königin

(Abb. S. 147)

Für 1 Krone
Zubereitung: 120 Minuten
Backzeit: 40 Minuten
Backblech mit Backpapier
leicht eingefettetes Backblech
Teigspritze mit einfacher Tülle
s-förmige Ausstechform mit 10 cm Länge
Zuckerthermometer

325 g Brandteig *(siehe Rezept S. 159)*
300 g Mürbeteig mit Nugat und Haselnüssen *(siehe Rezept S. 159)*

Für die Verzierung
10 kandierte Kaiserkirschen
15 kandierte Orangenfilets
15 kandierte Zitronenfilets
2 kandierte Engelwurzzweige
25 Silberdragees
1 kleines Ei

Für die Zuckerglasur
120 ml Wasser
400 g grober Kristallzucker
5 Tropfen Zitronensaft

Brandteig zubereiten *(siehe Rezept S. 159)*:
Backofen auf 210 °C (Gas Stufe 4) vorheizen. Mit einer Teigspritze auf einem leicht eingefetteten Backblech kleine Eclairs formen, Abstand von 3 cm einhalten, damit sie regelmäßig backen und nicht aneinander kleben. Mit geschlagenem Ei bestreichen, mit einem Gabelstrich verzieren. Etwa 15 Minuten backen, bis sie aufgehen und goldgelb gebräunt sind. Auf einem Backgitter abkühlen lassen.
Mürbeteigdekoration: Backofen auf 180 °C (Gas Stufe 2–3) vorheizen. Teig auf der mit Mehl bestäubten Arbeitsfläche 3 mm dick ausrollen. Den Teig mit einem Durchmesser von 20 cm ausschneiden und mit einer s-förmigen Ausstechform 8 Törtchen ausstechen und in einem Abstand von 3 cm auf das Backblech mit Backpapier legen. Mit geschlagenem Ei bestreichen. Etwa 10 Minuten backen, bis sie goldgelb sind.
Für die Zuckerglasur Wasser, Zucker und Zitronensaft in einem Edelstahltopf mit dickem Boden zum Kochen bringen, Schaum abschöpfen. Innenwände des Topfes mit einem Pinsel und etwas Wasser reinigen. Zuckerthermometer in den Sirup stecken. Wenn er 150 °C (Gas Stufe 1) erreicht, Topf vom Herd nehmen und Eclairs mit der Glasur überziehen. Dazu eine Messerspitze in jedes Eclair stechen und es in die Glasur tauchen. Eclairs auf einem leicht eingefetteten Blech abkühlen lassen.
Für die Krone die einzelnen Teile mit der Zuckerglasur zusammenkleben. Mürbeteigscheibe auf einen Kuchenteller legen. Eine mit Samt bezogene Kugel in die Mitte der Scheibe legen, dann die Eclairs und die s-förmigen Teigstücke aufkleben. Am Schluss mit den Dragees, den kandierten Früchten und Glasurpünktchen verzieren.

Blätterteigpastete mit kandiertem Rhabarber und Stiltonkäse

(Abb. S. 148)

Für 6 Personen
Zubereitung: 20 Minuten
Backzeit: 10 Minuten

2 schöne Rhabarberstangen
100 g Zucker
300 ml Wasser
frisch gemahlener Pfeffer
6 feine Blätterteigpasteten (fertig zu kaufen)
400 g Stilton

Rhabarber unter kaltem Wasser abspülen. Enden abschneiden, längs halbieren. In kleine Stücke schneiden. Zucker und Wasser in einem kleinen Topf verrühren, zum Kochen bringen, pfeffern. Rhabarber dazugeben, 5 Minuten bei schwacher Hitze köcheln lassen. Rhabarber mit einem Schaumlöffel herausnehmen und abkühlen lassen. Pasteten aufwärmen, mit kandiertem Rhabarber und fein gewürfeltem Stilton füllen. Sofort mit einem knackigen roten oder weißen Salat als Beilage servieren.

Lammkeule mit Knoblauchknollen

(Abb. S. 151)

Für 6 Personen
Zubereitung: 15 Minuten
Garzeit: 1,5 Stunden
gusseiserner Schmortopf

2 kg Lammkeule
6 Knoblauchknollen
200 g Blütenhonig
Salz, frisch gemahlener Pfeffer
200 ml Rotweinessig
750 ml Rotwein

Backofen auf 210 °C (Gas Stufe 4) vorheizen. Fleisch mit den Knoblauchknollen in den Schmortopf legen und mit Honig bestreichen. Salzen, pfeffern und in den Ofen schieben. Nach 10 Minuten Bratzeit mit Essig ablöschen. Temperatur auf 180 °C (Gas Stufe 2–3) reduzieren. Nach 10 Minuten Bratzeit Rotwein dazugeben. Weitere 30 Minuten braten. Fleisch und Knoblauchknollen regelmäßig begießen. Temperatur auf 160 °C (Gas Stufe 1–2) reduzieren. Weitere 40 Minuten braten. Wenn das Fleisch gar ist, Topf aus dem Ofen nehmen und den Bratensaft in einen Topf seihen. Etwa 5 Minuten einkochen lassen. Lammkeule mit kandierten Knoblauchknollen, Bratensoße und Minzsoße *(siehe nachstehendes Rezept)* servieren.

Minzsosse

(Abb. S. 151)

Für 6 Personen
Zubereitung: 15 Minuten
Kochzeit: 5 Minuten
Ruhezeit: 2 Stunden

50 Minzeblätter
1 TL Rohrzucker
50 ml Wasser
100 ml Honigessig

Minzeblätter unter kaltem Wasser abspülen, in einem Tuch trocknen, fein hacken. Minze und Zucker in einer Schale mischen. Kochendes Wasser dazugeben, verrühren. Essig darübergießen, verrühren und 2 Stunden ziehen lassen.

Bunter Kuchen à la Alice

(Abb. S. 153)

Für 8 Personen
Zubereitung: 80 Minuten
Backzeit: etwa 10 Minuten
Kühlzeit: 2 Stunden
3 Backbleche mit Backpapier
Pergamentpapier
Backring mit 20 cm Durchmesser und 5 cm Höhe
Teigspritze mit einfacher Tülle (8 mm Durchmesser)

Makronenteig
Eiweiß von 11 mittelgroßen Eiern
300 g Zucker
280 g fein gehackte Mandeln
360 g Ganache aus schwarzer Schokolade *(siehe Rezept S. 158)*

Zum Dekorieren
500 g Marzipan mit Schokolade
50 g rosa Marzipan
50 g Glasur *(siehe Rezept S. 159)*
je 1 g Lebensmittelfarbe in Grün, Rosa und Gelb

Makrone zubereiten: Eiweiß und 200 g Zucker mit dem Mixer steif schlagen. In einem tiefen Teller gehackte Mandeln und 100 g Zucker mischen. Mischung über den Eischnee streuen, vorsichtig mit einem Kochlöffel unterziehen. Eischnee auf drei Schalen aufteilen. Jede Schale mit einer anderen Farbe färben (Grün, Rosa, Gelb). Vorsichtig rühren, damit der Eischnee nicht zusammenfällt. Backofen auf 200 °C (Gas Stufe 3–4) vorheizen. Auf dem Pergamentpapier mit der Teigspritze je zwei Lagen à 20 cm Durchmesser von jeder Farbe formen. Etwa 10 Minuten backen, dann bei Raumtemperatur auf Gittern abkühlen lassen.
Für den Aufbau des Kuchens Ganache im Wasserbad weich werden lassen. Ring auf ein Blatt Pergamentpapier setzen. Der Kuchen besteht aus 6 Makronenschichten von unterschiedlicher Farbe. 60 g Ganache zwischen jede Schicht streichen. Die letzte Makronenschicht mit einer letzten Schicht Ganache bedecken. 2 Stunden im Kühlschrank fest werden lassen.
Um mehrere Etagen bilden zu können, fünf Kuchen mit abnehmender Größe backen und diese dann, mit dem größten beginnend, aufeinander setzen. Anschließend den ganzen Kuchen mit Marzipan und Schokolade überziehen und mit bunter Glasur und rosa Marzipanröschen garnieren.

Baisers mit Himbeersahne

(Abb. S. 154/155)

Für 8 Personen
Zubereitung: 20 Minuten
Backzeit: 1,5 Stunden
Backblech mit Backpapier
Teigspritze mit Rosettentülle

Baisers
siehe Rezept Maronenknäuel S. 182

Sahne
300 ml flüssige Sahne
75 g Himbeermark
40 g Puderzucker
1 Messerspitze gemahlener Kardamom

Baisers zubereiten: Eiweiß und Zucker mit dem Mixer steif schlagen. Kristallzucker mit einem Kochlöffel vorsichtig daruntermischen. Ofen auf 100 °C vorheizen. Mit der Teigspritze kleine Baiserspiralen (4 cm lang) auf das Blech spritzen. Etwa 1,5 Stunden im Backofen backen. Die Baisermasse trocknet und wird hart. Darauf achten, dass sie nicht braun wird.
Himbeersahne zubereiten: Sahne, Himbeermark, Puderzucker und Kardamom in einer gekühlten Schale steif schlagen. Mit der Teigspritze Sahne zwischen die Windungen der Baiserspiralen verteilen. Gebäck bis zum Servieren im Kühlschrank aufbewahren.

Seezungenfilets mit Zitronensahne

(Abb. S. 156)

Für 6 Personen
Zubereitung: 10 Minuten
Kochzeit: 15 Minuten
12 Zahnstocher aus Holz

12 kleine Seezungenfilets
300 g Crème fraîche
fein abgeriebene Schale von ½ unbehandelten Zitrone
Salz, frisch gemahlener Pfeffer
50 g Heringsrogen
50 g Lachsrogen

Seezungenfilets einrollen, jeweils mit einem Zahnstocher zusammenhalten. 10 Minuten dämpfen. Crème fraîche und Zitronenschale in einen kleinen Topf geben, 5 Minuten einkochen, salzen und pfeffern. Seezungenfilets auf Tellern anrichten, Zahnstocher herausziehen. Mit der Zitronensahne bedecken. Mit Herings- und Lachsrogen garnieren.

Minzeclairs

(Abb. S. 154/155)

Für 6 Personen
Zubereitung: 45 Minuten
Backzeit: 15 Minuten
Backblech mit Backpapier
Teigspritze mit einfacher Tülle

325 g Brandteig *(siehe Rezept S. 159)*
1 mittelgroßes Ei
200 g Crème patissière *(siehe Rezept S. 158)*
20 fein gehackte Minzeblätter

Für die Glasur
100 g Minzganache
(siehe Eierkuchenturmrezept S. 185)

Ofen auf 210 °C (Gas Stufe 4) vorheizen. Mit einer Teigspritze aus dem Brandteig 5 cm lange Eclairs auf ein leicht gefettetes Blech im Abstand von 3 cm auftragen, damit sie regelmäßig backen und nicht aneinander kleben. Mit geschlagenem Ei bestreichen und mit einem Gabelstrich verzieren. Etwa 15 Minuten backen, bis die Eclairs aufgehen und sich goldgelb färben. Auf einem Gitter abkühlen lassen.

Crème patissière und gehackte Minzeblätter in einer Schüssel verquirlen. Eclairs mit einem scharfen Messer in Längsrichtung aufschneiden, mithilfe der Teigspritze mit aromatisierter Creme füllen und mit Minzganache glasieren.

REZEPTREGISTER

DANKSAGUNGEN

Für Héloise.
Für alle, die uns geholfen haben: Soraya Winkelmann, Martine Albertin, Christine Baker-Model, Cécile Bascoul, Cécile Cerf, Yves Edel, Véronique Frantz, Dominique Giraud, Maryse Gourmand, Pierre und Frédérick Hermé, Michaël Marsollier, Jacqueline und Sigismond Model, Colette Pètremant, Rosette, Robin, Henriette und Mathilde, Skip und Pinceau, Karine Van Cayzeele, Jane Wheeler und Léon Wœrnitz.
Für alle Künstler und Handwerker, alle Unternehmen, die uns geholfen haben: Astier de Villatte: S. 55–57, 65, 79, 82–86, 95, 97, 113–115, 137, 139, 148–151; Porcelaine Bernardaud: S. 61, 66, 67, 148–151, 153, 157; Laurence Brabant: S. 12; Clotilde Buschini: S. 128, 129, 154, 155, 158, 159; Marie Christophe: S. 106, 107, 154; A. und F. Clamagirand: S. 42, 43; Claude Nature und Claude Misandeau: S. 18, 19, 22, 23, 90, 104–107; Au fil des couleurs und Carole Texier: S. 2, 151–153, 157, 165–168; Cuisinophilie: S. 46–49, 110; Marie Daage: S. 152, 157; Henry Dean: S. 18–23, 52, 53, 70, 71; François Deneck und Colonial Concept: S. 29, 159; Drapeaux de France: S. 28, 29, 42, 43, 65–71, 74, 113, 140; Elaïs und Elsa: S. 12, 141; Agnès Emery: S. 1, 20, 21, 90, 160, 161; Facteur célèste und Delphine Kohler: S. 5, 9, 118, 119; Géraldine Gonzales: S. 18, 19, 22, 23, 102, 165; Gosha: S. 130, 131; Pierre Griperay: S. 48, 49; Habitat: S. 133; L'heure bleue: S. 95, 126, 127; Hope and Phillips: S. 146; Industrielle: S. 70; Kayak: S. 102; Etains Michel Laude: S. 141, 143; Luminarc: S. 63, 154, 155, 158, 159; Manufacture de Lunéville: S. 52, 53, 56, 57, 59, 60; Mariage Frères: S. 124; À La Mère de Famille: S. 121; Mis en Demeure und Philippe Darraux: S. 82, 83, 94, 104, 105, 108, 110, 111, 136–139, 145, 151, 152, 156, 157; Galerie Miyakodori: S. 97, 114, 116, 123; Jonathan Moos: S. 141; Christophe Nancey: S. 40, 44; Odiot Orfèvre: S. 72, 76, 117; Olaria: S. 3, 14, 32, 33; Anne Orlowska und Design Nature: S. 28, 29; Roland Roure: S. 104; Galerie Sentou: S. 90; Terrafeu: S. 48, 49; Territoire: S. 148, 149; La Tuile à Loup, Marie–France und Michel Joblin und Maguy: S. 27, 35, 41–44, 56, 57, 73, 75, 84, 95, 104, 122, 124–127, 130, 131, 145, 152, 156, 157; Vox Populi: S. 14, 15, 32, 33; Jane Wheeler: S. 40, 122.

KREATIVDIREKTOR
Philippe Model

KÜNSTLERISCHE UND HERSTELLUNGSLEITERIN
Gaëlle Chartier

ILLUSTRATIONEN
Sir John Tenniel und Philippe Model

PHOTODRUCK UND MONTAGEN
Michel Sixou

KÜNSTLERISCHE LEITERIN
Nancy Dorking

LEKTORAT
Nathalie Bailleux und Cécile Beaucourt

HERSTELLUNG
Nicole Thiérot-Pichon

Aus dem Französischen von Claudia Steinitz

Die Originalausgabe erschien 2010 unter dem Titel
La cuisine d'Alice au pays des Merveilles
bei Éditions du Chêne – Hachette Livre, Paris
Text und Rezepte: Christine Ferber
Layout: Philippe Model
Fotos: Bernhard Winkelmann

Textnachweis:
Lewis Carroll, *Alice im Wunderland* und *Alice hinter den Spiegeln*.
Mit Illustrationen von John Tenniel. Koloriert von Harry Theaker und Diz Wallis. Übersetzt von Christian Enzensberger.
Satz: typocepta, Köln
Printed in China
ISBN 978-3-8369-2660-7
www.gerstenberg-verlag.de